❋ ı ❋ ı ❋ ı ❋ ı ❋ ı ❋ ı ❋ ı ❋ ı ❋ ı ❋ ı ❋ ı ❋ ı ❋ ı ❋

INVERSOR INMOBILIARIO

Guía Integral Para Inmobiliarias Principiantes Para Evaluar Ofertas, Enfoque De Mercado Y Compra De Propiedades

❋ ı ❋ ı ❋ ı ❋ ı ❋ ı ❋ ı ❋ ı ❋ ı ❋ ı ❋ ı ❋ ı ❋ ı ❋

BLAINE ROBERTSON

Tabla de Contenido

Introducción

Invertir en bienes raíces por lo general significa que su objetivo es hacer dinero, tanto ahora como en el futuro. Es una manera maravillosa de asegurarse de que habrá dinero en su futuro una vez que haya conseguido sus inversiones en funcionamiento correctamente.

Cuando se configura correctamente, usted estará haciendo suficientes ganancias para poder cubrir los riesgos que está tomando en la compra de nuevas casas para alquilar o vender con fines de lucro, así como el costo de poseer la propiedad como el seguro, servicios públicos, y otras necesidades.

Una vez que entiendas lo básico, podrás invertir y hacerlo tan fácil como jugar un juego de monopolio con tu familia.

El sector inmobiliario se considera una clase de inversión alternativa en conjunto. Cuando empieces a invertir en bienes raíces, tendrás una cartera que mostrará todo lo que has hecho en cuanto a tus inversiones. Su cartera tendrá varias cualidades diferentes que podrán mejorar el retorno con una cartera más grande o incluso ser capaces de reducir el riesgo de su cartera en el mismo nivel de rentabilidad.

Aprenderá sobre los tipos de inversión, cómo identificar propiedades de alquiler, volteo de la casa, evaluación de la propiedad y el equipo adecuado para emplear. Además, comprenderá los errores que se deben evitar entre otros temas tratados en este libro. Sigue leyendo para disfrutar de más temas.

Capitulo 1

Fundamentos de la Inmobiliaria

Parece que usted está interesado en el mundo acelerado de los bienes raíces. Sin embargo, antes de comenzar, usted tiene que saber exactamente lo que es la inversión inmobiliaria, y lo que todo entra en el proceso. Realmente tienes que estar seguro de que estás preparado para esta industria específica, porque si no estás preparado adecuadamente, entonces es posible que debas pasar un poco más de tiempo preparándose. Esta es una industria que puede hacerte rico, pero también puede causar una fuga financiera grave si no estás listo para todo el caldo.

Este libro está aquí para ayudarle mientras se embarca en la aventura de la inversión inmobiliaria. Cuando intentas salir al mundo, sientes que estás solo la mayor parte del tiempo. Este libro le ayudará a sentirse menos solo y equivocado al darle la información que necesita para completar cada día con más y más progreso. Cuando usted está tratando de comenzar su viaje en el mundo de los bienes raíces, el nivel de principiante es en realidad el más difícil. Tienes mucho que aprender, y tienes que hacerlo bien la primera vez, especialmente porque es el precursor de tu potencial de inversión.

Esta industria es muy diferente de muchas otras plataformas de inversión. No es tan degollado, pero sigue siendo un hacerlo o romperlo tipo de negocio. También puede tomar una buena parte del cambio para iniciarse. Todo depende de su área y el tipo de ofertas que puede encontrar. Si sabes dónde buscar, entonces definitivamente puedes asegurarte de que obtienes las mejores ofertas por ahí, solo mantén los ojos abiertos.

Sé lo que estás pensando, "Todavía no has llegado a decirme lo que es exactamente la inversión inmobiliaria". Y tienes razón. Sin embargo, estoy llegando allí ahora, sólo necesitaba prepararte para que sepas que aunque suene fácil, y puede ser fácil, requiere tiempo y esfuerzo, junto con el dinero.

La inversión inmobiliaria es el proceso de comprar una casa por el precio más bajo posible, arreglarlo y añadir valor a ella, ya sea vendiendo la casa para obtener un beneficio o alquilarla por un ingreso más estable (Fundrise, 2019). Cuando usted está alquilando una propiedad, usted se convierte en un arrendador, y las personas que alquilan de usted se conocen como inquilinos. Usted, como el arrendador, tiene un ingreso constante, mientras que sus inquilinos tienen un buen lugar para vivir donde no tienen que pagar impuestos a la propiedad

Esto es diferente de las otras formas de invertir porque ninguna otra plataforma de inversión le permite ganar un ingreso estable y obtener tanto beneficio como pueda con el alquiler. Si usted es inteligente con su dinero, puede hacer casi un 75% de retorno de su inversión con el tiempo. Sin embargo, invertir en bienes raíces a menudo toma más tiempo para construir hasta donde se hace más allá de romper incluso. Con otras inversiones, puede tomar algún tiempo para ver un retorno, pero con la inversión de bienes raíces, puede tomar años. Además, con la inversión inmobiliaria, no tiene que vender su inversión para empezar a ganar dinero. Usted puede mantener su inversión y todavía ganar dinero fuera de ella. Eso es lo mejor de esta plataforma. Entonces, cuando usted está cansado de ser el responsable de ello, y usted ha hecho más dinero de lo que podría haber imaginado de su inversión inicial, puede venderlo que incluso podría darle más dinero que su ingreso de alquiler si la inflación ha ocurrido en el mercado. Hay tantas ventajas en esta industria que muchas personas a menudo pasan por alto las desventajas.

Si te estás preguntando, "¿Por qué debería invertir en bienes raíces?" Has vuelto al libro correcto para obtener tu respuesta. Esto no sería un libro para principiantes si no respondiéramos a esa pregunta, o al menos le damos un poco más de claridad, así que aquí hay algunas razones por las que debe invertir en bienes raíces.

- Sé tu propio jefe: Nadie puede decirte qué hacer. Tú tomas las decisiones y tú tomas las decisiones. Puede decidir qué color pintar las paredes. Puede decidir qué propiedad desea comprar y cómo ponerle precio. Trabajas en tu propio horario y no respondes a nadie más que a ti mismo. Es liberador y muy tentador tener ese tipo de libertad.

- Libertad Financiera: Una vez que se establezca y comience a obtener ganancias, se sentirá aliviado ante la libertad financiera que se encuentra disfrutando. Esta es una de las principales razones para convertirse en un inversor inmobiliario. Imagínese poder tomar unas vacaciones con su familia, y no tener que pellizcar centavos todo el tiempo. Imagínate poder hacer lo que todo el mundo quiere, para que no tengas que ver ninguna cara decepcionada. ¿Con qué frecuencia vas de vacaciones familiares, y un niño quería hacer algo que era demasiado caro para que lo pagaras? ¿Cuánto te mató decirle a ese niño que no estaba en las cartas? Con la libertad financiera para hacer estas cosas, puedes recuperar tu vida, y puedes recuperar la diversión.

- Vencer a las probabilidades: Muchas personas son escépticas que conforman estadísticas de no justificar decirle a alguien que no se puede hacer y desalentarlo cuando en realidad están celosos por carecer de la capacidad de hacerlo. No tienen ganas de sacarse el cuello, así que pierden la oportunidad de tener éxito, y piensan que otras personas tampoco deberían intentarlo. Tener éxito para hacerlos aún más celosos, pero también tener éxito para inspirarlos.

- Inversiones tangibles: Si usted posee acciones en una empresa, es menos emocionante conducir por el edificio y decir "yo poseo medio por ciento de ese edificio", que conducir por sus propiedades de inversión y decir, "Yo soy dueño de eso." La gente notará fácilmente su éxito, así, sólo asegúrese de no presumir demasiado.

Hay muchas más razones por ahí para invertir, pero algunas son más específicas que otras, por lo que sólo se enumeran las básicas. Pruébalo por ti mismo para ver por qué es una gran idea.

Ahora que sabes lo que es la inversión inmobiliaria, los pros y los contras, y por qué deberías invertir, si sigues leyendo, asumo que quieres continuar en tu viaje. Ahora te damos los consejos y trucos para convertirte en un éxito. Estos consejos y trucos te ayudarán a averiguar qué es lo que tienes que hacer y cómo hacerlo grande.

Formas de beneficiarse de el alquiler de inmuebles

Invertir en acciones ofrece sólo una vía de recibir ingresos y esto depende del valor de apreciación de las acciones y su conocimiento del tiempo oportuno para vender las acciones. Hay más de una manera de obtener ganancias de bienes raíces generadores de ingresos.

Estos son algunos a tener en cuenta:

- Ingresos generados por alquileres.

Este no necesita más explicaciones.

- Comprar una propiedad con un bajo valor de mercado

Comprar bajo es un método ampliamente practicado. Usted puede obtener un beneficio rápido de la venta de bienes raíces por más de lo que pagó por ella. Las propiedades con una etiqueta de precio de mercado bajo incluyen la ejecución hipotecaria. Por supuesto, este método se hace aún más rentable si usted tiene el conjunto de habilidades de negociación requerida.

- Aumentar el valor de mercado

Cualquier mejora de la propiedad aumenta su valor de mercado, lo que le permite vender alto. A diferencia de los precios de las acciones que están determinados por el mercado económico, usted tiene la opción de hacer mejoras para aumentar el valor de la propiedad para mayores rendimientos.

- Mejorar la equidad

Cada reembolso de hipoteca que realice para su alquiler de propiedad aumenta el valor de capital.

- Las unidades de alquiler de propiedades más pequeñas pueden producir más rendimientos que una sola unidad más grande

Al dividir una casa de gran tamaño en diferentes unidades, puede alquilar estas unidades a un número de inquilinos individuales y recibir una suma mayor en alquiler que alquilando la casa a una sola familia.

- Alquilar a empresas

El mercado pone un precio más alto en el alquiler de propiedades a las empresas. El mejor cliente comercial es un negocio establecido.

- Refinanciar propiedades para mejorar el flujo de caja

Puede aumentar el flujo de caja de la inversión inmobiliaria a través de la refinanciación. Puede obtener más dinero en su bolsillo si la refinanciación permite una disminución en los reembolsos de hipotecas mientras que los ingresos de alquiler que recibe permanecen sin cambios. El exceso de flujo de efectivo recibido se puede poner en el depósito para la compra de una propiedad adicional o se puede guardar para mejoras o mantenimiento.

- Su éxito en el alquiler de propiedades generadoras de ingresos depende de usted

Usted es el factor crítico en lo bien que lo hace. Usted elige el área para comprar en, el tipo de propiedad que desea alquilar, el tipo de inquilinos que desea alquilar (¿elige familias o profesionales solteros). ¿Eliges comprar una propiedad lista para entrar a vivir o una parte superior de fijador, ya que eres tan útil cuando se trata de la propiedad D-I-Y? ¿Administra y mantiene la propiedad usted mismo o subcontrata esto a una empresa de administración de propiedades? ¿Qué tan proactivo es usted en la comercialización de su propiedad de alquiler para encontrar el mejor inquilino?

- Incluso durante las turbulencias económicas, todavía hay ventajas para poseer propiedades de alquiler

Los tiempos económicos problemáticos pueden no ser una mala noticia para el inversor inmobiliario. Hay potencialmente más personas que buscan alquilar después de haber perdido sus casas a la ejecución hipotecaria y a las personas a las que se les niegan las solicitudes hipotecarias. Y cuando el mercado se estabilice y mejore, los precios de la propiedad subirán.

- Como bien tangible, la propiedad asegura la deuda

Si usted ha financiado la compra de la propiedad para generar ingresos a partir de ella y por alguna razón ha incumplido con los reembolsos, puede perder la propiedad y los ingresos que recibe de ella, pero no su propia casa.

Cuanto más conocimiento e investigación adquiera antes de profundizar en la inversión inmobiliaria, menos temores puede tener sobre lo que el futuro tiene.

Capitulo 2

Beneficios de la Inversión Inmobiliaria

Beneficio monetario

La principal ventaja de las inversiones inmobiliarias son los beneficios monetarios que dan al inversor. Cuando compras una casa y la alquilas, ganas dinero de ella. Aunque es posible que no pueda utilizar todo el dinero que obtiene de él, es posible que aún se quede con una suma considerable. Diga por ejemplo que obtiene $500 de su apartamento y pagar $300 para la hipoteca. Usted todavía se quedará con $200 en ganancias. Después de un tiempo, cuando esté libre de deudas, tendrá acceso completo al alquiler que recibe.

Cuando usted compra inicialmente una casa, puede ir rápidamente a su cabeza que usted ha ganado un beneficio de una manera que parece ser tan increíblemente simple. Sin embargo, si algo va mal en la propiedad, usted va a ser responsable. Nunca se sabe cuándo recibirá la llamada sobre una ventana rota o aire acondicionado. Debido a este riesgo constante, usted necesita poner dinero a un lado para cualquier reparación de emergencia que pueda necesitar ser hecho. Cuando inicialmente comienzas a obtener un beneficio, necesitas asegurarte de poner un gran porcentaje de ese dinero en una cuenta de ahorros para que puedas hacer las reparaciones necesarias en la casa lo más rápido posible. Como arrendador, usted está obligado a asegurarse de que la propiedad sea habitable dentro de las pautas y regulaciones. El uso de su beneficio monetario inicial para asegurarse de que esto es posible, le dará tranquilidad.

Préstamo de dinero

Cuando se trata de inversiones inmobiliarias, será fácil para usted pedir prestado dinero en forma de crédito. Ahora supongamos que desea pedir prestado $10,000 para una casa, la institución de crédito estará más que feliz de dárselo porque piensan en inversiones inmobiliarias o inmobiliarias como apuestas seguras. Pero si necesitaras el mismo dinero por cualquier otra razón, entonces la institución se abstendría de prestarte el dinero. Por lo tanto, es una tarea mucho más simple para financiar su inversión inmobiliaria.

Es importante nunca pedir prestado más de lo que necesita. Cuando usted pide prestado más del límite necesario, su deuda aumentará porque cuanto mayor sea el préstamo, mayor será la acumulación de intereses. El préstamo de dinero solo debe hacerse con usted ha agotado todas las demás opciones y sabe que será lo suficientemente estable financieramente como para pagar el préstamo a largo plazo. No cometa el error de tomar un préstamo como individuo de alto riesgo a una tasa de interés alta, sólo para perder su trabajo diario y ya no ser capaz de hacer los pagos de la hipoteca. Es posible que necesite pedir dinero prestado varias veces si está planeando hacer que los bienes raíces inviertan su profesión a tiempo completo.

Ingresos paralelos

Su inversión inmobiliaria puede ser una fuente de ingresos paralelos. En este día y edad donde nada es suficiente, incluyendo sus ingresos mensuales, usted tendrá la oportunidad de utilizar su inversión para ganar un ingreso suplementario. Esto se conocerá como ingreso pasivo y usted no tendrá que hacer nada para ganarlo. El dinero seguirá fluyendo en su cuenta mensualmente, y todo lo que tiene que hacer es supervisar al inquilino. Si contratas a la gerencia, entonces es sin complicaciones, y puedes colocar la cantidad en un banco y ganar intereses sobre la suma de dinero.

Esta es una de las mejores partes sobre la propiedad de alquiler. Usted tiene ingresos residuales o pasivos que constantemente fluye en (a menos que esté plagado de inquilinos horribles), y con dinero que puede utilizar como dinero de inversión adicional, colocar en una cuenta que gana interés con el tiempo, o gastarlo descuidadamente (sólo bromeando sobre el última parte). Hay una multitud de razones por las que tener una fuente de ingresos paralelos no sólo es económicamente gratificante; también le da una sensación de seguridad financiera en caso de que algo suceda en el futuro. Ahorre sus ingresos pasivos y gástelos sabiamente. Nunca se sabe cuándo puede ocurrir una emergencia.

Beneficio Tributario

Hay una gran cantidad de beneficios fiscales para beneficiarse de su inversión inmobiliaria. Usted puede ahorrar dinero al comprar una propiedad para usted mismo. Este dinero se puede ahorrar tanto cuando se compra la propiedad y cuando se renueva. Por lo tanto, puede acceder a los beneficios duales de su inversión inmobiliaria ("10 razones para invertir en bienes raíces", 2019). Para entender los verdaderos beneficios fiscales que puede aprovechar de su propiedad, consulte el beneficio fiscal en el sitio web de inversiones en propiedad.

Su beneficio específico de impuestos sobre bienes inmuebles o propiedades e inmuebles variará dependiendo del estado en el que se encuentre, así que haga su propia investigación para encontrar qué beneficio se aplica a usted. Por lo general, los propietarios son responsables de pagar impuestos sobre los ingresos de las propiedades de alquiler, pero durante las renovaciones y la compra inicial, puede haber algunas tarifas que puede cancelar si el inmueble es parte de su negocio.

Apreciación

Cuando usted compra una propiedad, no siempre será valorada a la misma tarifa. Esto significa que crecerá en valor con el tiempo (Propiedades de experto). Muchas cosas determinarán el aprecio, incluyendo la localidad de la propiedad, las comodidades que lo rodean, el vecindario, etc. Con el tiempo, su pequeña inversión crecerá en tremendo valor y le dará una gran tasa de interés sobre su inversión. De hecho, le dará una tasa que ninguna otra forma de inversión le dará incluyendo inversiones de mercado de acciones. Es ideal asumir una apreciación del 10% mensualmente. Desea evitar lo contrario de la apreciación que es la depreciación; permitiendo que el valor de su compra de bienes raíces se devalúe con el tiempo al no mantener la propiedad y hacer las renovaciones necesarias.

Es bastante fácil tener su propiedad apreciar con el tiempo. Hay factores fuera de su control y dentro de su control para garantizar que su hogar mantenga su valor y, en última instancia, aprecie. Por ejemplo, un propietario o propietario no puede hacer nada para detener el colapso de la vivienda, pero pueden hacer las inspecciones, reparaciones, remodelaciones y renovaciones necesarias para asegurarse de que su casa es segura, habitable y moderna. Esto puede requerir una gran cantidad de gastos inicialmente, pero las inspecciones regulares asegurarán que su casa esté actualizada y pueden evitar problemas importantes de daños que no se resuelven durante largos períodos de tiempo.

Beneficios de jubilación

Una inversión inmobiliaria es una inversión automática de jubilación. Todo lo que tienes que hacer es comprarte una casa o dos y tu jubilación es segura. Puede mudarse a su casa después de retirarse o alquilarla para crear un flujo de efectivo consistente. Usted no tendrá que preocuparse de que sus ingresos se detengan y puede seguir llevando el estilo de vida que llevó cuando estaba ganando un ingreso. Por lo tanto, una inversión inmobiliaria es una gran oportunidad para asegurar su jubilación y no tener que depender de otros por dinero.

Los beneficios de tener ingresos residuales durante la jubilación hablan por sí mismos. Hoy en día, a muchos jubilados les resulta difícil pagar sus facturas solos, impidiéndoles disfrutar de sus años de jubilación con viajes y diversión. A través de ingresos residuales, puede disfrutar de sus años de jubilación accediendo a su pensión o fondo de jubilación de un empleador, su beneficio de seguridad social e ingresos de sus propiedades inmobiliarias. Sólo unos pocos cientos adicionales al mes pueden marcar la diferencia en el mundo a la hora de pagar facturas y ahorrar para viajar. La gente espera con ansias la jubilación, pero si no tienes el dinero para hacer nada durante la jubilación, entonces puede volverse miserable. ¡Planifique en consecuencia y lo más importante, planifique con anticipación!

Seguridad

Tener una casa es visto como un gran refuerzo de confianza. A diferencia de invertir en otras vías como un negocio, es una gran idea invertir en bienes raíces. La sensación de seguridad se profundiza cuando se muda a su casa o toma posesión de las llaves. Usted desarrollará una sensación de seguridad y no tiene que preocuparse por no tener un lugar para vivir en. Una vez que realice una inversión inmobiliaria, desarrollará la confianza para hacer otra y así sucesivamente. Puede seguir adelante hasta el momento en que haya acumulado una colección de bienes raíces considerable. Una de las partes más difíciles en la inversión inmobiliaria es en realidad dar ese paso a seguir a través de. Una vez que pases por el proceso y te des cuenta de que puedes hacerlo, es probable que lo vuelvas a hacer. Requiere mucho sacrificio para adherirse a su compromiso, pero cuando lo hace, los resultados son asombrosos.

Una vez que se obtiene la propiedad inmobiliaria y continuamente recibir pagos de alquiler, la seguridad financiera que sigue es impenetrable. Ser propietario y ser autónomo es empoderar a todos por sí mismo, pero también poder proporcionar a una familia una vivienda a cambio de pagos de alquiler es aún más empoderador.

Posesión física

Es importante tomar posesión física de una inversión, ya que aumenta su confianza y mejora su estado mental y emocional. Esto no es posible en la bolsa de valores, donde realmente no se puede poseer una empresa mediante la compra de sus acciones. La inversión inmobiliaria se parece mucho a la inversión en metales preciosos, donde realmente se puede tocar y sentir lo que ha invertido en. Una vez que te mudes a tu casa, tu sentido de orgullo y confianza sólo aumentará, y lo considerarás como la mejor inversión que hiciste en tu vida.

A veces, sólo recibir las llaves es suficiente para llevar a alguien a llorar. Obtener una casa o inversión es un gran paso en la vida de alguien y las emociones asociadas son sólo naturales. Un hecho indiscutible sobre la inversión inmobiliaria es que puede tocar y sentir su inversión. Por ejemplo, las acciones son meras palabras con valor adjunto. No puedes sostenerlos y tocarlos. mientras que con su inversión inmobiliaria puede tocar físicamente la casa y sentirla. Es difícil de describir a alguien que está acostumbrado a la parte digital y tecnológica de invertir y comprar. Con los bienes raíces, es casi ancestral poder pararse en terrenos de su propiedad y saber que es suyo.

Protección

A diferencia de las acciones y acciones, usted tiene la oportunidad de proteger su inversión inmobiliaria. Esto significa que usted toma una cobertura de seguro y protege su casa. No tendrás que preocuparte de que le pase algo a tu casa. Usted puede relajarse y relajarse y permitir que su seguro para ayudar a proteger su inversión. También puede hacer otras cosas físicas como emplear la seguridad para salvaguardar su inversión, lo que no es posible en el mercado de valores o cualquier otra forma de inversión.

Diferentes estados tienen diferentes tipos de seguro que usted puede querer investigar. Hay seguro contra inundaciones, seguro contra huracanes, seguro para inquilinos y seguro de propietario 1 y 2. Preste atención a su póliza y sepa lo que está cubierto. Los daños en el techo generalmente están cubiertos por el seguro del propietario, pero sólo si el techo es menor de cierta edad. Lo mismo ocurre con las inundaciones; seguro no cubrirá daños por inundación séptica si descuidó para obtener inspecciones regulares y asegúrese de que su tanque séptico estaba al día. Hay un montón de lagunas que necesita atar para asegurarse de que no paga de su bolsillo para los gastos que podrían haber sido cubiertos si hubiera prestado más atención.

Beneficio de inflación

Usted todavía tendrá su casa en tiempos de inflación. Casi todas las otras formas de inversión se verán afectadas negativamente por la inflación, excepto su inversión inmobiliaria. Así que incluso si los precios están quellando, siempre tendrá su propiedad para volver a caer en. Si usted vive en una casa grande, entonces usted puede considerar mudarse a una más pequeña y alquilar su gran lugar para tener algo de dinero extra que viene en hasta el momento en que la inflación ha pasado. Puede retroceder una vez que la economía se haya estabilizado o se haya puesto a recibir el dinero de manera consistente. La inflación es una preocupación real en la sociedad actual. Aunque no está aumentando casi tan rápido como se pensaba originalmente.

Estos forman sólo algunas de las ventajas de las inversiones inmobiliarias, pero no se limita sólo a estas. Usted tendrá la oportunidad de darse cuenta de los otros beneficios una vez que compre su propia propiedad.

Capítulo 3

Las Contras de la Inversión Inmobiliaria

Justo como las diversas ventajas, habrá varias desventajas para poseer propiedades, o hacer una inversión inmobiliaria. Sería injusto que nos fijamos sólo en las ventajas, y también tendremos que conocer las desventajas para tener una imagen clara.

En esta sección, veremos las desventajas de las inversiones inmobiliarias que debe tener en cuenta antes de realizar una inversión.

Depreciación

Al igual que la apreciación, habrá un poco de depreciación en el valor de la propiedad. Es importante tener esto en cuenta, ya que la propiedad envejecerá y eso hará que su valor disminuya ligeramente. No puede esperar que su casa sea simplemente apreciada y no se deprecie. Si lo toma como una apreciación del 10% al año, entonces usted debe considerar la depreciación del 2% también. Esto le dejará con una apreciación del 8% al año, lo cual no es malo. Por lo tanto, usted tiene que considerar tanto la apreciación y la depreciación para conocer el verdadero valor de su propiedad.

La depreciación puede producirse cuando las propiedades no se mantienen correctamente. Por ejemplo, el filtro de la unidad de aire acondicionado no cambia con regularidad, por lo que el aire acondicionado comienza a congelarse. Con el tiempo, su sistema HVAC está siendo sobrecargado de trabajo, y su esperanza de vida y fiabilidad disminuye significativamente. Debido a esto, usted tendrá que reemplazar prematuramente su sistema HVAC o ir sin. Una vivienda sin aire acondicionado, calefacción y ventilación son esencialmente invaloradas e inhabitables. El mantenimiento adecuado y las inspecciones pueden detectar problemas antes de que se vuelvan caros o dañar la casa. Hay casos en los que la depreciación está fuera de nuestro control y, en este caso, haga todo lo posible por su parte para disminuir el golpe financiero, o sentarse en la propiedad hasta que la tierra se aprecie.

Mantenimiento

El mantenimiento de una propiedad puede resultar un dolor de cabeza. Habrá un millón de cosas para cuidar y mirar en cuando usted compra una propiedad. Aparte del apartamento o casa, también tendrá que cuidar del exterior y el entorno. Usted tendrá que buscar en las cuotas de seguridad y salvaguardar su casa. También debe asegurarse de que el desgaste de la casa sea cuidado y que nada esté dañando su propiedad. Con todo, habrá un millón de cosas a tener en cuenta cuando compres una propiedad para ti y tengas que estar de pie si quieres salvaguardarla durante mucho tiempo.

El mantenimiento cae en paralelo para evitar la depreciación de su casa. El mantenimiento es importante para el hogar y el bienestar del inquilino. Los inquilinos infelices no se ocupan de un hogar que su propietario no parece importarle. El mantenimiento debe implicar una combinación de actividades de inquilinos (cambiar los filtros de aire acondicionado, cortar la hierba, aspirar y limpiar las tareas regulares) y las actividades del propietario (inspecciones, mantenimiento, mantenimiento estacional si corresponde, y respuesta rápida a las órdenes de trabajo por los inquilinos). Mantener el valor de la casa y la habitabilidad está en línea con el mantenimiento y el valor de una casa simplemente no aumentará si la casa no se cuida. Cuando los propietarios tratan la casa como si fuera la suya, lo mismo ocurre con los inquilinos.

Propiedad Ideal

Es muy difícil encontrar una propiedad ideal o la propiedad de sus sueños. Tendrás que cazar día y noche para encontrar algo que te guste. Será difícil encontrar algo que se adapte a todos sus requisitos. Usted tendrá que buscar el mejor precio, la mejor propiedad, la mejor ubicación y la mejor relación calidad-precio. Es un reto tener este tipo de proyectos, y te llevará mucho tiempo encontrar la propiedad ideal. Usted tendrá que emplear a un agente de bienes raíces si desea acelerar el proceso, pero a veces se añadirán a sus males.

Muchos de nosotros estamos en desacuerdo acerca de lo que exactamente la propiedad ideal consiste en. Algunos de nosotros queremos una casa grande y más vieja cerca de un campus universitario para que puedan alquilar habitaciones por períodos cortos. Algunas personas quieren un decente, casa de tamaño familiar que pueden alquilar a una familia por un largo período de tiempo, y otros quieren un edificio de apartamentos más grande para que puedan tener varias familias que viven y pagar el alquiler. La propiedad ideal se asocia con mayor frecuencia con una ubicación ideal, y la ubicación ideal varía de un estado a otro. Los estados del sureste pueden anhelar vistas al Océano Atlántico, mientras que el Medio Oeste anhela las vistas a las montañas, los lagos y las praderas. La ubicación ideal de la ciudad de Nueva York se encuentra en el centro de la ciudad, donde todo es fácilmente accesible a pie, mientras que algunas personas prefieren conducir o dar un paseo más largo a donde van. Algunas personas prefieren el silencio, y algunos prefieren el ruido, como dije, depende de la persona.

Crédito malo

Si usted tiene mal crédito, entonces pedir dinero prestado para su inversión será muy difícil. Usted tendrá que convencer a la institución de crédito para que le preste crédito por su inversión. Esto puede ser una tarea hercúlea e incluso si se aprueba, usted tendrá que pagar una tasa de interés más alta sobre ella. Por lo tanto, será una mala situación si pide sin tomar prestado mucho crédito a una tasa de interés más alta, y usted tendrá que preocuparse constantemente por pagarlo. En el peor de los casos, podrías terminar vendiendo la casa que compraste con pérdidas.

El crédito malo es difícil de tratar porque una vez que tiene algunas marcas despectivas en su crédito, puede tomar años para traer su puntuación de nuevo. La mayor parte del tiempo con los bancos, no se les puede explicar el razonamiento detrás de los comentarios, es un "no" automático. Esto puede ser más que frustrante para alguien que ha trabajado hacia la recuperación de crédito durante años, pero todavía tiene el sudario de marcas despectivas pasadas en su historial. Con las cuentas en las colecciones, lo mejor que puedes hacer es llamarlas y pagarlas en su totalidad. Si eso no es financieramente posible, devuelva a los acreedores en pagos mensuales regulares para que el banco pueda ver el esfuerzo que está poniendo en su crédito. Obtener tarjetas de crédito y no gastarlos - sólo gastarlos si su intención es ir a casa y transferir dinero de nuevo a ellos.

Exposición

Cuando desee comprar una propiedad, se le pedirá que declare todos sus activos y todo lo demás que posea. Esto significa que expones tus activos monetarios al mundo que te rodea. Puede ser algo malo si posees mucho dinero y tendrás que declararlo todo. Incluso si tienes un poco de dinero, tienes que declarar lo que tengas y darle a tu acreedor una imagen clara de lo que tengas en tu poder. Esto puede inquietar a algunas personas, ya que su estado financiero estará bajo el escáner.

Recuerda que todo el mundo tiene que pasar por esto para llegar a donde vas. No serás el primero ni el último sentimiento expuesto de esa manera. Tomar cosas como esta en el corazón realmente puede hacer que la gente mire negativamente todo el proceso cuando en realidad, es necesario. Por ejemplo, digamos que iba a prestar a alguien $150,000 porque le dijeron que no podían pagar una casa sin un préstamo. ¿Podrías aceptar su palabra y darles el dinero? ¿O comprobarías para asegurarte de que decían la verdad y realmente no tenían el dinero? ¿Qué diría de alguien que mintió sobre sus ingresos sólo para descubrir que tiene más que suficiente para pagar su casa? La exposición tiene otras intenciones además de revisar las finanzas. Dice mucho sobre el carácter de las personas si mienten sobre sus ingresos.

Iliquidez

Iliquidez se refiere a la venta de su propiedad y las dificultades que usted podría enfrentar al hacerlo. Si un peor escenario fuera a surgir, entonces usted podría tener que eliminar su propiedad. Pero es más fácil decirlo que hacerlo y es posible que no tenga compradores listos para ello. Esto puede ponerte en un aprieto. Por lo tanto, lo mejor es comprar una propiedad en una buena ubicación para que usted prepare a los compradores para ella. También debe convertirse en miembro de una unión donde los compradores y vendedores a menudo se reúnen para discutir temas.

Esta es una de las facetas en las que la investigación antes de comprar su casa es imprescindible. No puedes comprar una casa porque te "te gusta". Es necesario mirar las casas circundantes de los últimos años que han salido a la venta y la rapidez con que se vendieron; si lo hicieran en absoluto. También necesita ver cómo los valores de la propiedad de la casa han aumentado o caído a lo largo de los años, ya que esto le dará una buena idea de lo que su casa podría valer dentro de 10 años. Lo más importante, mira el vecindario en el que estás comprando. Si usted está comprando en un vecindario más agradable, más deseable, entonces es probable que tenga compradores mucho más rápido que si estuviera tratando de vender en el país o en un área más empobrecida.

Calamidades

Las calamidades naturales imprevistas son siempre un peligro para sus inversiones inmobiliarias. Imagine un tsunami golpeando y lavando su casa o un terremoto creando una gran grieta en su casa. Todo esto puede dañar seriamente su propiedad y hacer que se preocupe innecesariamente. Incluso si usted tiene seguro, daños mayores a su propiedad nunca se pueden arreglar, y usted terminará preocupándose por su inversión. Aunque es raro que se produzca tal calamidad, sigue siendo una posibilidad y debe considerarse una desventaja.

No estás en posición de predecir una tragedia que se avecina, por eso se convierten en desastres. Si todos supiéramos cuándo chocarían huracanes y tornados, sabríamos cuándo salir y cuándo volver. Tendríamos tiempo para preparar adecuadamente nuestros hogares para los daños venideros. Puesto que somos incapaces de predecir la ira de la Tierra, nos vemos obligados a tener en cuenta calamidades como estas al comprar una casa. No puedes predecir cuándo atacarán los desastres, pero puedes prepararte para ellos lo mejor que puedas asegurándote de que tu hogar y patio no se inunden, no hay fugas en el techo, paredes o ventanas y, el techo está actualizado y robusto. Para las áreas que son más propensas a huracanes o vientos pesados, las persianas de huracanes son una gran inversión.

Malos inquilinos

Tratar con los malos inquilinos es siempre un dolor de cabeza importante. Pueden arruinar completamente su propiedad y hacerla irreconocible. Incluso si le das tu casa a personas que son disciplinadas, podrían tener niños pequeños que arruinen tus paredes y muebles. Mantener un ojo en ellos constantemente no es posible y es posible que tenga que trasladarse cerca para hacerlo. Esta es la razón número 1 por la que la gente no desea alquilar sus casas a otros.

Al igual que los desastres, nunca se puede predecir cuando alguien va a ser un inquilino "malo". A veces todo en el papel se ve muy bien, incluso la primera impresión al conocer al posible inquilino. Sin embargo, las miradas pueden ser engañosas y lo que está en el papel es el pasado, no el futuro. Si tienes un instinto al conocer a alguien, síguelo. Hay una razón por la que estás teniendo esta sensación. los malos inquilinos pueden poner fuera de dinero para meses cuando no pagan el alquiler, que dañan las instalaciones al salir y que obligan a comenzar el proceso de desalojo. El tiempo, el dinero y la energía involucrados en el trato con los malos inquilinos pueden ser suficientes para ejecutar a un arrendador fuera del negocio de alquiler por completo. Intente mantenerse en la misma página que sus inquilinos. Responder a los problemas en el apartamento inmediatamente después de que se informó y tienen los inquilinos firmar un documento que indica que respondió y qué acción adicional se va a hacer o se ha hecho. Cubran sus bases.

Inversores extranjeros

Los inversores extranjeros tendrán dificultades para invertir en un país extranjero. Los expatriados y aquellos que deseen establecerse en un país extranjero tendrán muchos dolores de cabeza a la hora de elegir y comprar una propiedad para sí mismos. Tendrán que pagar más, y serán gravados tanto en el país extranjero como en su país de origen. Por lo tanto, estas leyes hacen que sea difícil para los extranjeros comprar y vender propiedades.

Es comprensible que algunos artículos, como las casas, sean más baratos en los Estados Unidos que en lugares como Inglaterra y otras partes de Europa. Si fuera fácil para las personas poseer bienes raíces de otros países, sería una casa loca tratando de ordenar el papeleo en el extranjero e intentar comunicarse con un propietario que nunca ha visto. Las personas en Estados Unidos tienden a estar cansadas cuando no conocen a una persona de la que están alquilando porque hay tantas oportunidades de estafas que el riesgo simplemente no supera los beneficios.

Estos forman las desventajas de invertir en bienes raíces. Pero no se preocupe, estos no deben impedirle hacer su inversión y sólo debe ser visto como información de precaución para salvaguardar sus inversiones.

Estas son las estafas que definitivamente tendrás que pensar al decidir si quieres unirte al negocio de la inversión inmobiliaria. Si usted puede vivir con el hecho de que esto no es un al cierto de hacer dinero de ensueño, entonces usted puede encontrar que con el tiempo usted hará el dinero que necesita y más.

Capitulo 4

Los Tipos de Inversiones

Inversión de propiedades de alquiler

La forma más popular y común de inversión inmobiliaria es el inmueble residencial. Incluye la inversión en condominios, casas unifamiliares y casas adosadas. Estas casas están construidas para ser alquiladas o vendidas con fines de lucro. Por ejemplo, como inversionista, puedes comprar un condominio que está cerca de la playa a $100,000 y luego alquilarlo en Airbnb por $100 por noche, y harás mucho dinero con ella.

Las grandes propiedades residenciales son aquellas que están destinadas a ser utilizados por las empresas, y a menudo se clasifican como bienes raíces comerciales. Los propietarios de edificios como estos hacen dinero de alquilar espacio de oficina o de alquilar unidades residenciales multifamiliares. Existe una regla que indica que los edificios residenciales que tienen más de 4 unidades deben clasificarse como edificios comerciales. Una casa comercial-residencial seguirá diferentes criterios de préstamo cuando se trata de los términos y condiciones de la hipoteca.

Al tratar de identificar una buena propiedad de alquiler, hay muchos factores que debe tener en cuenta. La primera es que querrá limitar su búsqueda a vecindarios que tienen bajas tasas de criminalidad, escuelas bien calificadas, fuertes cifras de empleo y aquellos con hogares cuyo valor es apreciando.

Una vez que decida un área determinada o propiedades específicas, debe ejecutar algunos cálculos para ver las perspectivas de esas propiedades que generan algunos ingresos para usted. El objetivo aquí es encontrar una propiedad que traerá un flujo de efectivo positivo, de manera que los ingresos de alquiler que usted gane es mayor que los gastos en los que incurra. Debe cubrir las reparaciones, los seguros, los pagos de hipotecas, los impuestos sobre la propiedad y las tasas de gestión.

También puede asumir la regla del 1%. Esta regla se utiliza para determinar si alguna propiedad es viable para invertir o no. Aplicando esta regla, usted toma los ingresos mensuales estimados del alquiler y lo divide por el precio de compra. Si la cifra que obtiene es 1% o rangos a casi allí, entonces usted puede estar seguro de que usted tiene una excelente propiedad de alquiler.

Por ejemplo, supongamos que tiene la intención de comprar una propiedad a $400,000 y estima que el ingreso mensual es de $4500 (suponiendo que no habrá casas vacías). Luego usando la regla del 1%, divida los $4500 por $400,000 y obtendrá 1.13%, lo que debería decirle que la propiedad sería una inversión viable.

Uno de los desafíos de invertir en propiedades de alquiler es el número de gastos involucrados. Antes de comprometerse con ellos, haga una lista de todos los costos posibles. Si no incluye incluso un gasto por adelantado, tendrá una estimación inexacta de los costos y, en consecuencia, de los ingresos que espera.

La lista de gastos es larga, e incluye cosas como comisiones de corredor, comisiones hipotecarias, reparaciones, mantenimiento y limpieza, publicidad a los inquilinos, seguros, servicios públicos, administración de propiedades, intereses hipotecarios, honorarios legales, el costo de reemplazar desglosado electrodomésticos, impuestos, preparativos de declaración de impuestos y honorarios legales. También debe tener en cuenta el tiempo y los gastos para llegar y salir de la propiedad.

Es casi imposible saber con certeza cuánto de cada gasto tomará su inversión. Por lo tanto, mientras se prepara para hacer su inversión en el negocio de la propiedad de alquiler, asegúrese de obtener más información, de propietarios de propiedades similares, de inquilinos y de agentes inmobiliarios. Asegúrese también de hacer provisiones para cualquier costo imprevisto.

Patrimonio de Comercio Comercial

El inmueble comercial se refiere a la propiedad que se utiliza exclusivamente con fines comerciales. Incluye propiedad que sirve como oficinas, restaurantes, tiendas, centros comerciales y parques industriales. Las empresas y las empresas suelen arrendar estos espacios para mantener la flexibilidad y la rentabilidad (Kennon, 2019).

La rentabilidad de los bienes raíces comerciales debería sorprenderle. Es interesante descubrir que McDonald's obtiene la mayoría de sus ganancias de sus activos inmobiliarios y no de alimentos, a pesar de ser una de las compañías de comida rápida más populares del mundo. Posee propiedades en algunos de los lugares más importantes del mundo.

Algunas empresas pueden poseer el espacio que utilizan, pero la mayoría tienen que pagar alquiler o arrendamientos por el espacio que ocupan. Un contrato de arrendamiento va de entre un año a 10 años. Los inquilinos grandes toman contratos de arrendamiento más largos, mientras que las pequeñas empresas toman contratos de arrendamiento relativamente más cortos. Un contrato de arrendamiento a corto plazo permite al propietario más flexibilidad en términos de ajuste del alquiler de arrendamiento, pero los a largo plazo proporcionan seguridad financiera.

La propiedad comercial se clasifica en tres clases. Clase A se compone de una propiedad que está clasificada entre las mejores en términos de edad, estética, ubicación y la calidad de la estructura. Los edificios de clase B son aquellos que son más antiguos pero no son competitivos como edificios de clase A en términos de sus precios. Estos edificios son buscados por los inversores que quieren voltearlos. Los edificios de clase C son aquellos que son muy antiguos, por lo general más de 20 años. Se encuentran en las zonas menos atractivas y necesitan mantenimiento.

Tal inversión puede ser lucrativa y ser una buena cobertura contra la volatilidad del mercado. Los inversores pueden obtener ganancias masivas de la apreciación, pero la mayoría de los rendimientos que obtendrán a través de los ingresos de alquiler recaudados de los inquilinos.

En la mayoría de los casos, las propiedades se venden como edificios enteros como un edificio de oficinas, un restaurante o una fábrica. Sin embargo, si un inversionista quiere obtener más rendimientos del acuerdo o espera ver los beneficios más rápidamente, debería dividir el proyecto en unidades más pequeñas en lugar de venderlo como un todo.

Voltear Casas

Voltear es un término que fue acuñado en los Estados Unidos para referirse a la práctica de comprar un activo que genera ingresos y luego revenderlo rápidamente con un beneficio. Como tal, voltear casas es la práctica de un inversionista de bienes raíces comprando casas, luego vendiéndolas con un beneficio. Cuando usted compra una casa con la intención de voltearla, usted debe estar listo y equipado para venderlo rápidamente. El tiempo entre la compra y la venta puede ser de un máximo de un año.

Hay dos tipos de volteo de la casa:

a) Un inversor compra una casa que tiene el potencial de aumentar de valor una vez que las estructuras son reparadas y actualizadas. Una vez realizado el trabajo, el inversor vende la casa por un precio más alto que el adquirido.

b) Un inversionista compra una propiedad cuyo valor está aumentando rápidamente. Aquí, no se realizan actualizaciones. El inversor sólo mantiene la propiedad durante algunos meses antes de revenderla a un precio más alto, obteniendo así un beneficio.

House flipping, cuando se hace bien, es un gran vehículo de inversión porque en poco tiempo y con sólo pequeñas reparaciones o renovaciones, se puede cosechar mucho más de lo que pagó. Sin embargo, el tirón puede ir rápidamente en el otro sentido. Algunas personas compran casas y más tarde encuentran que la base de la casa es inestable o que el techo está goteando. Solucionar estos problemas podría costar demasiado dinero, o no valer la pena hacer en absoluto, y al final, podría perder mucho dinero.

Formas de voltear casas con éxito

1. Use efectivo para financiar el tirón de la casa

El volteo de la casa es de doble filo; podría tener éxito o ir al sur. Esto hace que no sea razonable añadir a su deuda al voltear las casas. Si elige la deuda, aumenta sus costos porque tendrá que pagar intereses sobre ella durante algunos meses, lo que aumenta el precio a cobrar para garantizar que el inversor rompe incluso. Una casa de alto precio podría tomar tiempo para vender.

Financiar el tirón usando dinero de la deuda podría causar que estar desesperado y actuar por desesperación porque si la casa se ha quedado en el mercado un tiempo, usted puede ser tentado a bajar sus precios, que se comerá en sus ganancias.

2. Estudiar el mercado

Muchas aletas se emocionan con su próximo proyecto y pueden olvidarse de estudiar el rendimiento actual del mercado. Sin una comprensión clara del mercado, usted podría experimentar una serie de problemas. Por un lado, usted no tendrá una idea de si usted está recibiendo una buena oferta en la casa que tiene la intención de comprar o no. Idealmente, sólo debe comprar una propiedad por el 80% de su valor, luego restar los costos de las reparaciones.

Sin el conocimiento adecuado del mercado, también será imposible para usted evaluar el valor de la propiedad y su potencial con precisión. La visión que tienes para el hogar también debe encajar en la realidad del vecindario en el que estás comprando, como su capacidad para pagar la casa que estás persiguiendo.

Por último, sin el conocimiento adecuado del mercado, tendrá dificultades para fijar el precio de la casa. Por ejemplo, si el rango de la casa en un vecindario en particular es de 130k a 150k, usted necesita para elaborar un plan para que el precio que usted trae al mercado después de voltear la casa está en el extremo inferior de ese rango.

3. Tener un presupuesto para la casa que tiene la intención de voltear.

Haga un presupuesto incluso antes de comprar la casa tomando el costo de la propiedad, las reparaciones y la comercialización.

4. Concéntrese en las renovaciones más pequeñas.

Los inversores tienen grandes sueños para sus proyectos, como pisos de madera noble, accesorios de iluminación de moda y estufas de nivel profesional, entre otros. Sin embargo, si te centras en hacer grandes cosas como estas, el presupuesto podría salirse rápidamente de las manos. Un presupuesto de antemano le ayudará a realizar un seguimiento de las actualizaciones mientras se asegura de que usted aumenta el valor de la casa.

5. Busque el consejo de un experto local

Para el éxito de la volteo, un agente de bienes raíces sería de gran ayuda porque le ayudará a identificar las propiedades correctas,

ofrecer consejos sobre el tipo de renovaciones que podrían levantar
la cara de la propiedad, y ayudarle a vender rápidamente.

Tipos de propiedades inmobiliarias

Esta sección revisa los diferentes tipos, y lo que cada uno es capaz
de proporcionarle.

Propiedades inmobiliarias residenciales

Propiedades inmobiliarias residenciales, como su nombre indica,
incorpora casas, casas de vacaciones, condominios, villas, etc.

Cuando usted compra una casa o un piso, usted tiene la opción de
alojarse allí usted mismo o para alquilar o alquilarlo. Si lo ocupa
usted usted mismo, entonces usted no tendrá ninguna ventaja
monetaria, pero tendrá un sentido de orgullo y pertenencia. Pero si lo
alquilas o alquilas, entonces tendrás una ventaja monetaria y podrás
ganar dinero con tu inversión. Esto sólo es posible si ya tienes un
lugar donde quedarte.

La propiedad residencial multifamiliar es una buena opción para
usted, ya que puede alquilar su casa a alguien y recibir un ingreso
consistente. Usted puede comprar una parcela y construir 5 o 6 casas
y alquilar todas ellas para que incluso si una o dos casas permanecen
vacías, las otras le ayudarán a obtener un ingreso.

Estas son excelentes propiedades para poseer, pero puede ser difícil
hacer mantenimiento en todas las propiedades, especialmente si se
encuentran a largas distancias entre sí. Con múltiples hogares, es una
buena idea emplear a un manitas confiable para hacer el trabajo

mientras se concentra en otras tareas como buscar nuevos hogares o trabajar en su cartera financiera. Hay una gran cantidad de casas disponibles para la compra y a veces se pueden encontrar grandes casas a través de sitios web de ejecución hipotecaria o subastas. Es importante mirar a su alrededor en todas sus opciones, para que no gaste más dinero del que tiene que hacer para su propiedad de inversión inmobiliaria.

Algunas otras excelentes propiedades son grandes edificios residenciales, como complejos de apartamentos o dúplex. La mayor parte del tiempo, los dúplex más antiguos se pueden comprar por una cantidad decente de dinero y se pueden remodelar y alquilar para un gran beneficio. Estos grandes complejos aportan una gran cantidad de beneficios, ya que debido a esto, es fácil de expandir. Sin embargo, con este tipo de edificios también necesitas ofrecer servicios como piscina, gimnasio, lavandería, etc. Además, cuando un apartamento está en problemas, (incendio, inundación, etc.) que pone el resto de los apartamentos en riesgo, de modo que los problemas deben ser tratados con prontitud.

Los costos de impuestos y mantenimiento tendrán que ser decididos, y usted o su inquilino tendrán que pagarlo.

Propiedades Inmobiliarias Comerciales

Las propiedades inmobiliarias comerciales incluyen edificios de oficinas, edificios prestados a establecimientos comerciales, etc. Todos estos son sólo asequibles para aquellos que tienen una gran capacidad de inversión. Las propiedades inmobiliarias comerciales son difíciles de empezar, y usted tendrá que poseer una propiedad residencial primero para entender lo que se necesita para invertir en tales propiedades.

Una vez que compre un edificio, debe buscar inquilinos ideales. Sus inquilinos serán empresas que buscan un espacio de oficina. Puede cobrarles el alquiler, pero la regla general para los establecimientos comerciales es pagar el contrato de arrendamiento. Este contrato de arrendamiento le ayudará a pagar sus deudas con facilidad.

Estos edificios son a menudo más agradable para alquilar porque sus inquilinos son por lo general con usted durante varios años a décadas. Una vez que tenga un inquilino con un gran y creciente negocio, que traerá más negocios a los otros negocios y, a su vez, mantener a los inquilinos y sus negocios ocupados y felices. Estos edificios, como se ha dicho antes, son significativamente más fáciles de mantener porque la mayoría de las empresas se ocupan de sus propios problemas todos los días como la aspiradora, la limpieza de ventanas, barriendo el exterior de la tienda, desinfectándose el interior, etc. Cualquier daño que hagan al interior del edificio reflejaría mal en su negocio, por lo que, en su mayor parte, los propietarios de negocios pueden ser los mejores tipos de inquilinos.

El mantenimiento para edificios de oficinas es menor en comparación con las inversiones residenciales. Esto se debe a que las oficinas son generalmente mantenido por el personal de mantenimiento, y cualquier daño se cobrará al inquilino. Por lo tanto, usted puede salvaguardar su propiedad y pasar un buen rato en beneficios.

Propiedades Inmobiliarias Industriales

Las inversiones inmobiliarias industriales son aquellas que se dirigen a la compra de unidades de almacenamiento, garajes, lavados de coches, establecimientos industriales, etc. aquí, usted tiene la opción de alquilar una estación totalmente equipada o simplemente regalar un poco de espacio industrial. Dependerá de la inversión que haya realizado hacia la propiedad.

El dinero necesario para este tipo de inversión es mucho menor en comparación con la categoría anterior. Aquí, necesitará menos dinero debido al tamaño de la propiedad, y su costo promedio se verá más barato.

También puede necesitar más permisos para esta ubicación que otras ubicaciones. Por ejemplo, un negocio de lavado de automóviles producirá una gran cantidad de residuos que potencialmente podrían fluir en los drenajes y causar problemas con los sistemas de saneamiento y la calidad del agua. Debido a esto, ciertas áreas pueden no permitir ciertos tipos de negocios. Usted sería mucho menos propenso a comprar legalmente un lugar de bienes raíces industriales situado junto al océano y utilizarlo como una empresa de reciclaje o eliminación de residuos o un lavado de coches debido al alto riesgo de la contaminación en el océano. Esto se destina a las empresas industriales que pueden utilizar maquinaria pesada y podrían suponer una amenaza para los peatones a corta distancia; usted no sería capaz de comprar mucho y legalmente usarlo para un negocio que potencialmente podría dañar a transeúntes o peatones. Hay mucho que tener en cuenta al buscar ubicaciones de bienes raíces industriales, por lo que es importante hacer aún más investigación sobre propiedades potenciales que otros tipos de inversiones.

Sin embargo, habrá un millón de cosas pequeñas para investigar mientras se compra un establecimiento de este tipo. Tendrás que mirar las dimensiones del espacio, la ubicación, la conectividad, el barrio, etc. Si la ubicación es mala, entonces usted tendrá que buscar uno mejor, ya que no desea entrar en problemas más tarde.

Propiedades inmobiliarias al por menor

Las propiedades inmobiliarias minoristas son aquellas que incluyen tiendas, centros comerciales, escaparates, etc. Usted puede comprar un centro comercial completo y alquilarlo o simplemente tener una sola tienda en él. Esta es una inversión avanzada, y necesitará una cantidad bastante sustancial para invertir en ella.

Una vez más, tendrá que buscar un montón de cosas como la ubicación, el tamaño, el alcance, la conectividad, el ambiente, el vecindario, etc. Una vez que te guste el lugar, tendrás que firmar muchos formularios antes de poder ser el dueño del lugar.

Cuando tienes un centro comercial completo para prestar, debes encontrar un buen ancla para ti. Los anclas son grandes minoristas que te ayudarán a atraer a las multitudes. Por ejemplo, una tienda como Target, que garantizará que las personas visiten tu centro comercial y te ayudarán a mantenerlo ocupado. Esta es una buena opción de inversión para usted, ya que los rendimientos que obtendrá de ella será bastante sustancial y estable.

Los establecimientos comerciales también son grandes inversiones, especialmente cuando, como se indicó anteriormente, se compran en su totalidad (como un centro comercial o un entorno tipo centro comercial). Con los centros comerciales, puede medir sus inquilinos en función de los tipos de negocios que ya están allí, por lo que no duplica los negocios y crea negatividad o causa una caída en las ventas. Por ejemplo, no alquilaría dos espacios diferentes a cafeterías en el mismo centro comercial. Tampoco abrirías dos zapaterías de descuento diferentes. Usted puede ver qué tiendas son populares y llegar a los negocios potenciales que buscan expandirse, o que puede ser una gran adición al tráfico en su inversión inmobiliaria minorista.

Propiedades mixtas

Las propiedades mixtas son aquellas que combinan las diferentes categorías en un edificio o ubicación.

Por lo tanto, usted tiene un edificio de oficinas en un extremo, un centro comercial en el otro y un complejo residencial en el medio. Por supuesto, esto terminará siendo un asunto muy costoso, pero usted tendrá la oportunidad de compensar todos sus gastos en poco tiempo. Pero tendrás que acercarte a un banco o a un acreedor para financiar tu proyecto y demostrar que eres capaz de poseer algo tan grande.

Hay un montón de opciones aquí porque tiene una amplia gama de negocios disponibles para los inquilinos potenciales. Usted le da a las personas la opción de tener un espacio de oficina mientras que también da una opción para restaurantes y tiendas minoristas para poblar el centro comercial, así. Por ejemplo, una firma de bienes raíces o un bufete de abogados puede poblar en el extremo del centro comercial y en el otro extremo hay una cafetería y una peluquería. Ambos negocios se beneficiarán interdependientemente unos de otros mediante la creación de redes y el conocerse. Otras empresas también llegarán a las instalaciones y, a medida que lo hagan, se crearán más redes y bonos. Este tipo de establecimientos mixtos son excelentes porque diferentes empresas utilizan los servicios de otros; el bufete de abogados asiste a la cafetería para el almuerzo y el café de la mañana y la cafetería utiliza el bufete de abogados para sus contratos y consultas.

Aquí también, usted tendrá que elegir cuidadosamente una ubicación, ya que habrá varias cosas a considerar. La diversificación asegurará que usted tenga un flujo consistente de dinero que viene en su camino y en ningún momento sus ingresos cesarán.

Rentar para poseer

Alquilar para poseer es otra gran manera de obtener la propiedad, pero puede tomar mucho tiempo para realmente, legalmente poseer la propiedad. Con el alquiler a poseer, usted esencialmente está pagando la hipoteca de otra persona porque ya no lo que la casa ya no, con el acuerdo de que usted será el propietario de la casa una vez que la hipoteca se paga en su totalidad. Usted tiene que tener cuidado con el alquiler para poseer propiedades y leer el contrato completamente porque muchas personas han sido estafados una vez que la hipoteca se paga; es decir, los propietarios originales de la casa pusieron un agujero de bucle en el contrato para que pudieran obtener la casa de vuelta una vez que se pagó. Es difícil creer, éticamente, que la gente haría eso, pero ha sucedido antes, y volverá a suceder.

Con el alquiler para poseer propiedades, usted no tiene que llegar a un gran pago inicial como lo haría si estuviera tomando un préstamo grande por su cuenta y usted no se preocupará en calificar para obtener una buena tasa de interés o ponerse en una enorme cantidad de deuda. En algunos casos, usted puede alquilar su "alquiler para su propia casa" también, pero usted tiene que asegurarse de que no hay nada en su contrato con los propietarios originales que afirma que no puede hacerlo.

El alquiler para poseer es bueno para las personas que todavía están trabajando en su crédito, pero desean ser propietarios de viviendas y no pueden calificar para su propio préstamo hipotecario. Como dije antes, no puedo enfatizar lo suficiente la importancia de asegurarme de que el contrato es sólido, tener un abogado de su propia mirada sobre él y luego mirarlo de nuevo antes de firmarlo.

Propiedades extranjeras

Las propiedades extranjeras se refieren a la compra de propiedades, o bienes raíces, en un país extranjero. Es una gran opción para los expatriados comprar una casa en su país de origen y una en su país adoptado. Será una tarea hercúlea, pero nada que sea imposible. Habrá cien cosas a tener en cuenta como la política fiscal, el precio ofrecido a los extranjeros, cualquier recargo, certificado, documentos legales, etc. Pero todo eso dará sus frutos al final si usted toma la decisión correcta por sí mismo.

El mayor desafío con propiedades extranjeras es la incapacidad del propietario para estar siempre allí cuando algo en o en la propiedad va mal. Usted tiene que contratar a un manitas confiable para ocuparse de la propiedad para evitar las órdenes de trabajo que van sin arreglar. También puede ser difícil encontrar inquilinos porque muchas personas están cansadas de trabajar con propietarios o inquilinos en todo el país debido al alto riesgo de actividad fraudulenta. Aunque no era tan frecuente como solía ser debido a la conciencia pública sobre el problema, la actividad fraudulenta es más común con los propietarios extranjeros o personas que "reclaman" ser propietarios de ciertas propiedades.

Misceláneos

Aparte de los tipos de opciones de bienes raíces mencionados anteriormente, hay algunas más misceláneas y son las siguientes.

Construcción

Siempre es una buena idea comprar una parcela de tierra y construir su propia casa. Lo que esto hará es ayudarle a ahorrar mucho dinero. Sólo tendrá que pagar un mínimo por los materiales de construcción, y es posible que pueda aprovechar los descuentos para comprar a granel. Los cargos de mano de obra también se pueden reducir. Además, tendrás la oportunidad de planificar todo el proyecto desde cero e incorporar elementos de diseño que se adapten a tu gusto. A muchas personas no les gusta lo que compran y terminan odiando aún más lo que le hacen a la casa. Todo esto se puede evitar comprando un pedazo de tierra en una bonita localidad y construyendo su propia casa. Si una casa ya existe, entonces se puede renovar parcialmente o arrasar en el suelo y empezar de nuevo.

A veces, se puede conseguir una casa por un precio increíblemente barato. Luego, puedes construir la casa que desees en la parcela de tierra o conservar la tierra y venderla cuando se aprecie en valor con el tiempo. La tierra puede ser increíblemente costosa, pero siempre y cuando compres alrededor, específicamente para casas hipotecadas y ventas cortas, puedes obtener una casa y una tierra por un valor increíblemente grande y esencialmente empezar desde cero. Puede parecer desalentador derribar una casa para reconstruir, pero el proceso es simple si el mismo, se siguen pasos cuidadosos - al igual que navegar por el proceso de compra de la casa.

Casas en contenedores

El nuevo fetiche inmobiliario que ha llegado al mercado inmobiliario son las casas en contenedores. Las casas contenedoras están hechas de contenedores que son abandonados por las compañías de carga. Estos son recogidos y reacondicionados por las empresas minoristas, que se los venden a precios reducidos. Sólo tienes que seleccionar un pedazo de tierra ideal y apilar estos contenedores uno encima del otro. Puede tener contenedores separados que se unen para formar una casa ideal.

Las casas en contenedores son la última locura, similar a las pequeñas unidades de casas móviles. La gente está constantemente buscando formas más baratas, DIY para obtener casas sin tener que navegar por el estresante y confuso mundo inmobiliario. Comprar su propia tierra y colocar contenedores de envío en ella puede requerir permisos de algún tipo, pero en su mayor parte, usted está por su cuenta y la gente le gusta de esa manera. En un mundo dictado por las leyes, regulaciones y cosas que puede y no puede hacer, ser capaz de crear su propia casa mediante la compra de un contenedor de envío por tan barato como $800 y tan alto como $3,000 parece increíblemente tentador para alguien que es un apasionado de los proyectos de vivienda DIY y han trabajo dy.

Propiedades recreativas

Las propiedades recreativas son aquellas que usted compra y utiliza con fines recreativos. Estos son generalmente vistos como casas de vacaciones, pero pueden convertirse en un hogar de tiempo completo si se desea. Puede elegir un lugar sereno como entre las colinas o en medio del bosque. Si una casa ya hecha no está disponible, entonces usted puede comprar una parcela de tierra y construir una casa en ella. También puede alquilarlo o alquilarlo a personas o tratarlo como una casa de vacaciones comercial. ¡Los rendimientos que ganes con este tipo de inversión pueden ser bastante altos!

Muchas veces, este tipo de propiedades se conocen como tiempo compartido o alquileres vacacionales. O bien, o – aunque ambos son muy diferentes. Con las casas de vacaciones, por lo general tiene una vivienda que es de su propiedad que alquila por temporadas a aves de nieve o estancias cortas como escapadas de fin de semana o personas que vienen a la ciudad durante una semana. Dicho esto, las casas de vacaciones pueden ser beneficiosas al permitirle a usted, el propietario, vacacionar allí sin tener que pagar un precio (porque lo posee) y luego continuar rentándolo recreativamente una vez que haya terminado de vacaciones allí.

Con tiempos compartidos, edificios, cabañas, casas, etc. se compran por una cantidad de tiempo cada año. Por ejemplo, la familia Adams compró el tiempo compartido para todo el mes de enero, y la familia Johnson compró la misma cuota de tiempo durante las últimas dos semanas de enero. Usted es esencialmente alquilar la casa a un montón de diferentes personas, pero que están compartiendo la propiedad mediante la compra de un tiempo por venir y siempre poseer ese espacio de tiempo hasta que expire su contrato o contrato de arrendamiento.

Estos forman los diversos tipos de propiedades que puede comprar y alquilar o arrendar si lo desea. Es posible que usted sea el propietario de todos estos si toma los pasos correctos. Pero tomará mucho tiempo y paciencia. También existe la opción de comprar una casa hoy en día, vivir en ella durante 5 años y luego comprar otra y mudarse sin pagar ningún impuesto sobre ella. Pero para eso, usted tendrá que estar listo para mudarse de un lugar fácilmente sin llegar demasiado apegado al lugar.

Capitulo 5

¿Cuáles son los Objetivos Inmobiliarios?

Usted se está metiendo en el juego de bienes raíces con objetivos obvios en mente. No importa si sus objetivos son dejar su trabajo, gobernar un imperio inmobiliario, o incluso tener suficiente dinero para poder prepararse para su retiro. Te estás metiendo en esto con algún tipo de meta en mente.

Es importante recordar que el juego de bienes raíces es una industria de ritmo rápido donde usted necesita ser rápido en acción con el fin de tomar ventaja de cualquiera de las ofertas que usted puede perderse si usted no presta atención a lo que está sucediendo.

Cuando se trata de tener un objetivo para obtener un beneficio si es para usted para ser capaz de complementar sus ingresos para que pueda dejar su trabajo, puede ahorrar dinero para su jubilación, o si usted está deseando tener sólo un poco de dinero extra para lo que sea quieres dinero extra para, entonces vas a necesitar tener un plan para hacer que esto suceda (Esajian, 2019).

Ganar más dinero

En primer lugar, querrás asegurarte de que puedes establecer el objetivo de lo que quieres hacer en un año. Asegúrate de que tu objetivo sea realista y realmente alcanzable.

A continuación, querrá estimar el promedio del beneficio potencial que puede obtener de cada propiedad dentro de un año. Aquí es cuando es importante que usted haga investigación para entender las tendencias inmobiliarias en su área.

Esto también le ayudará a llegar a metas realistas para ayudarle a ver cómo las ventas en su área realmente fueron y van.

Por último, vas a necesitar dividir lo que realmente quieres obtener para el beneficio con el beneficio promedio por propiedad con el fin de estimar el número mínimo de propiedades que necesita según cada año para lograr su objetivo.

Dejar su trabajo

Con el fin de dejar su trabajo e invertir en bienes raíces completamente, usted necesita conseguir su mente en el lugar correcto. Comunícate contigo mismo para mantenerte al tanto de lo que estás haciendo. El camino hacia el éxito va a ser difícil,

Es importante tratar de obtener el apoyo de sus amigos y familiares. Estar en bienes raíces es un trabajo muy difícil y tedioso. Tener gente que te apoye va a ser lo que te ayuda a mantenerte en marcha,

Identifique por qué desea dejar su trabajo. La razón por la que va a ser la emoción detrás de su decisión y no la lógica. Esta es la razón por la que te va a dar tu inspiración y energía diaria sin dejar de empujarte hacia adelante.

Establezca metas para el futuro. Dejaste tu trabajo, pero ¿y ahora qué pasa? Vas a tener algún tipo de objetivo para ganar dinero y sobrevivir en el día a día. A medida que pasa el tiempo y te educas aún más y obtienes más experiencia, aprenderás cómo es asegurarte de que puedes ganar más dinero con cada compra.

Asegúrese de que tiene un plan para lo que piensa hacer. Si desea tener varias propiedades de alquiler, entonces necesita tener un plan en cuanto a cómo va a terminar obteniendo estas propiedades. Además, el plan debe incluir cómo se administrarán las propiedades.

Estas son todas las cosas que necesita para asegurarse de que piensa en cuando se trata de hacer su plan de negocios. Sin embargo, puedes llegar a un plan para lo que anticipas lograr.

Ingreso totalmente pasivo

El ingreso pasivo es cuando usted está recibiendo dinero de algo (como propiedades de alquiler) que usted no está involucrado materialmente con. Al igual que los ingresos no pasivos, los ingresos pasivos van a estar sujetos a impuestos. Pero el IRS lo trata de manera diferente (Adams, 2018). Los ingresos de su cartera se considerarán ingresos pasivos según ciertos analistas debido a los dividendos del caso, así como a los intereses (Christensen, 2019).

Con el fin de obtener un ingreso pasivo en su inversión, usted va a necesitar tener varias inversiones que todavía van a generar un ingreso para usted sin amarre el dinero.

Su flujo de efectivo está destinado a proporcionar suficiente dinero con el fin de cubrir su hipoteca y otros gastos de propiedad.

Prepárese para la jubilación

Todos nos vamos a retirar algún día. Y, todos queremos tener suficiente dinero para que podamos sobrevivir cómodamente cuando se trata de la jubilación.

Pero, ¿cómo podemos utilizar la inversión inmobiliaria para financiar nuestra jubilación?

En primer lugar, vas a querer comprar una pieza de propiedad y luego alquilarla antes de que puedas cobrar el alquiler cada mes.

Así que, en última instancia, el dinero que tienes que venir cada mes te ayudará a financiar tu jubilación. Después de pagar la hipoteca y cualquier otro gasto de propiedad, entonces usted puede establecer de nuevo sus ingresos con el fin de ayudar a ahorrar si usted está ahorrando para su jubilación.

Crear una unidad múltiple

Una unidad múltiple es donde usted compra un edificio que tiene varias unidades tales como un dúplex y decide que usted va a vivir de un lado mientras alquila el otro lado.

Con una unidad múltiple de un triplex o un quad, va a haber más de un ingreso que viene a usted y no le hará daño si pierde un inquilino.

Una de las grandes cosas es que vas a estar a la derecha allí en la propiedad en caso de que algo sale mal. Sus inquilinos podrán crear una relación personal con usted y comenzar a sentirse cómodos diciéndole cuando hay algo que necesita ser arreglado alrededor de la propiedad. Esto le ayudará a mantener el valor de la propiedad en caso de que tenga que encontrar nuevos inquilinos.

Construir un Imperio Inmobiliario

En primer lugar, debe decidir qué ruta va a querer tomar. ¿Quieres arreglar y voltear o quieres comprar y mantener? Esto es más a menudo cuando las personas deciden lo que van a hacer y se adhieren a ella a través de la mayoría, si no toda su carrera de inversión.

Sin embargo, puedes hacer ambas cosas porque ambos te van a dar resultados diferentes cuando se trata de los ingresos que vas a recibir.

No todas las propiedades va a ser buena para voltear y no todas las propiedades va a ser buena para que te atengas.

Pero, si tienes ambos, entonces te vas a mover por el camino más rápido. Aprender el arte de invertir poniendo un poco de dinero abajo, sin embargo, si se puede ganar más dinero, entonces usted va a estar en el juego más que otra persona.

Básicamente, cuantas más unidades y diversidad tengas en tu cartera de inversiones, mejor lo harás.

Capitulo 6

El Proceso de Identificación de Propiedades de Alquiler

❋ ❙ ❋ ❙ ❋ ❙ ❋ ❙ ❋ ❙ ❋ ❙ ❋ ❙ ❋ ❙ ❋ ❙ ❋ ❙ ❋ ❙ ❋ ❙ ❋ ❙ ❋

Cuando usted está buscando para alquilar un lugar, ya sabes que tienes varias maneras que puedes ir sobre eso. Sin embargo, cuando usted está buscando lugares para comprar para que pueda alquilarlos, puede hacer lo mismo.

Estas son las diferentes formas en que puede encontrar propiedades de alquiler para comprar (Eberlin, 2019).

Subastas

Las subastas le dan la oportunidad de poder pujar por una propiedad. Hay varios tipos de subastas que es posible que desee mantener su ojo en.

- Subastas en línea: podrás buscar propiedades en línea y pujar por ellas.

- Subasta de venta de alguaciles: el salón de registros de su condado, el ayuntamiento, el tribunal e incluso la oficina del sheriff. Aquí donde las ejecuciones hipotecarias se van a vender primero.

- Subastas privadas: son subastas que normalmente son contratadas por un prestamista para vender un gran número de propiedades a la vez. Estas subastas se llevan a cabo generalmente en un centro de conferencias o incluso en un hotel local.

  Ventajas: precios más baratos, propiedades no disponibles a través de medios normales

  Contras: competencia, no puede obtener la propiedad que desea

Ejecuciones hipotecarias

Normalmente se venden en una subasta de alguaciles antes de ser colocados como REO y vendidos por un agente inmobiliario local. Algunas de las razones que pueden resultar a ejecuciones hipotecarias incluyen el propietario de la propiedad siendo despedido o despedido, condiciones médicas que hacen que sea difícil trabajar y seguir haciendo pagos hipotecarios, no poder pagar la deuda, tener problemas con el copropietario, y los costos de mantenimiento convirtiéndose en un obstáculo a pagar (Weintraub, 2018). El banco reclamará la propiedad debido a impagos por parte del propietario y reventa a través de agentes inmobiliarios. Hay descuentos en las ventas de ejecución hipotecaria a granel ofrecidas por un banco.

Ventajas: fácil de obtener

Contras: tener que pagar el saldo restante

Conduciendo por

Estas van a ser propiedades que vas a ser capaz de conducir y ver cuando estás haciendo tu vida diaria. Estos pueden ser representados por un agente o incluso para la venta por el propietario.

Pro: encontrar lugares tal vez no listados todavía

Contra: competir con otros, posiblemente pagando más alto que pedir precio

Agentes

Los agentes o agentes inmobiliarios también son personas que van a ser capaces de ayudarle a encontrar propiedades que es posible que desee comprar para una inversión. Ellos serán capaces de ayudarle a reducir su búsqueda por ciertos criterios que usted puede estar buscando. También puede utilizar un agente para

- Hable con las oficinas de bienes raíces designadas en ciertas partes de la ciudad para que pueda preguntar sobre cualquier propiedad de inversión potencial que pueda estar disponible.

- Llame acerca de los anuncios que usted conduce y ver o incluso que usted puede haber visto en línea.

- Tenga a alguien que tenga acceso a la base de datos MLS que puede no aparecer en sitios web.

- Y algunas de las oficinas no siempre anunciarán los listados en la MLS porque sólo proporcionan esos listados para sus contactos reales.

Pro: ayuda uno-a-uno, redes

Con: tener que pagar comisión a alguien

Redes

Redes es en realidad una buena manera de tratar de encontrar
propiedades de alquiler que no están ya en el dominio público. Si
estás utilizando un ordenador portátil o una tablet, intenta causas y el
precio más bajo. Hay varios grupos útiles cuando se trata de redes.

- Redes de inversores personales: son inversores que ha
llegado a conocer a lo largo de su tiempo en inversiones
inmobiliarias. Si aún no has hecho esto, entonces este es un
grupo que puedes empezar a construir ahora que lo sabes.
Este grupo puede incluir personas como propietarios que
usted ha conocido que alquilan propiedades en la misma calle
en la que usted vive, o incluso alguien con quien fue a la
escuela que resulta ser un inversionista ahora.

- Clubes de inversión: estos son contactos útiles siendo que
usted va a estar en una lista de correo electrónico donde los
miembros del club anuncian propiedades que están a la venta.
Si usted no pertenece a uno, podría ser una buena idea para
usted hacer un esfuerzo para unirse a uno. Por lo general,
tendrá una cuota de membresía anual entre ciento trescientos
dólares.

- Conocimientos/relaciones personales: estas van a ser
personas que están en bienes raíces que pueden presentarte

una gran inversión. Cualquier persona de amigos y familiares, todo el camino a los abogados puede ser recursos útiles.

Pro: grupo de personas que te ayudarán

Contra: personas que pueden o no tratar de desviarse con la información incorrecta con el fin de obtener una venta ellos mismos

en línea

Hay varios sitios web que puede utilizar con el fin de buscar su próxima inversión potencial. Estos sitios le van a dar más recursos que le van a mostrar todo, desde los que están 'a la venta' hasta los que están 'ventando en corto', así como en 'ejecución hipotecaria'. Usted puede incluso ser capaz de encontrar sitios que le dará la capacidad de buscar en los registros de la propiedad para que pueda mirar la información del vecindario con el fin de darle la información que necesita para analizar el potencial de inversión de la propiedad. Sin mencionar que también hay sitios que le permitirán pujar en subastas de vivienda en vivo.

Pro: fácil acceder a varias casas que te interesan

Contra: no ver realmente la casa y cualquier problema potencial

Medios de impresión

Las propiedades de alquiler todavía se pueden encontrar en los
medios impresos y ya que la mayoría de las cosas se han vuelto
digitales, usted puede ser una de las pocas personas que realmente
encuentran la propiedad y ser capaz de obtenerlo por un precio más
bajo que lo que el precio de venta es. No sólo eso, pero algunas de
las propiedades en los medios impresos pueden ni siquiera estar
disponibles en línea.

- Periódicos: estos le van a dar una gran fuente de venta por las
  propiedades del propietario junto con los listados de agentes
  inmobiliarios. No solo debe mirar los principales periódicos
  de su región, sino también las publicaciones más pequeñas de
  la comunidad que se adaptan a ciudades específicas.

- Publicaciones de marketing locales: estas publicaciones se
  van a encontrar principalmente en las tiendas de comestibles.
  También son un gran recurso para que pueda encontrar
  propiedades que las oficinas de bienes raíces anunciarán.

  Pro: encontrar casas que no están en línea para que todo el
  público lo vea

  Contra: competir con la gente del pueblo local que puede o
  no conocer al vendedor.

Capitulo 7

¿Cómo Financian Sus Ofertas en el Agente Inmobiliario?

Lo siguiente que tenemos que echar un vistazo aquí es encontrar la financiación adecuada para satisfacer sus necesidades. Usted debe ser capaz de obtener el dinero para comprar una propiedad, y cuánto el prestamista está dispuesto a darle. Si sales y encuentras la propiedad perfecta sin la financiación, entonces ya estás atrasado. Toma algún tiempo para encontrar un prestamista e incluso obtener pre-aprobado, y la propiedad puede haber desaparecido hace mucho tiempo para el tiempo que lo hace.

Si obtienes la pre-aprobación hecha con anticipación, puedes saltar sobre una propiedad en el momento en que la encuentres y aumentar tus posibilidades de conseguirla. Además, esta carta de pre-aprobación del banco muestra al vendedor que usted es un comprador serio, y hay una alta posibilidad de que su oferta sea aprobada.

Hay muchas opciones de financiación disponibles para todo tipo de inversores, pero desafortunadamente, no muchas personas pueden tomar estas opciones de financiamiento (Michael, 2016). En primer lugar, la gente tiene miedo porque los bienes raíces son intensivos en capital y tienen miedo de que si toman préstamos, las propiedades pueden no vender, o los ingresos de alquiler pueden no fluir como se esperaba. Sin embargo, si usted mira a través de la lista de préstamos, puede identificar un préstamo cuyos términos le atraerán y de repente hacer que el camino hacia la inversión inmobiliaria no sea tan aterrador.

Hay algunas opciones que puede elegir cuando es el momento de elegir el financiamiento adecuado para sus necesidades. Y hay algunos pasos y requisitos para asegurarse de que el prestamista le dará el dinero que necesita para comenzar su inversión de alquiler. Echemos un vistazo a lo que tienes que hacer para que esto suceda!

Cómo financiar sus propiedades de alquiler

Hay una serie de opciones que puede utilizar para ayudar a financiar sus propiedades de alquiler. Adquirir el adecuado dependerá de las tarifas que están disponibles alrededor de ese momento, cuánto está tratando de pedir prestado y lo que planea hacer con sus propiedades de inversión. Hay algunas opciones que puede elegir para ir dependiendo de cómo está su crédito y lo que funciona mejor para usted. Algunas de las opciones disponibles para que usted pueda hacer el check-out están a continuación.

Prestamistas tradicionales

El primer lugar que muchos inversores eligen ir cuando es el momento de financiar su inversión es un banco tradicional. Estos a menudo proporcionan algunas de las mejores tarifas y pueden ser los más seguros para trabajar con. Necesitará más esfuerzo para obtener el préstamo que le gustaría. Por lo general, tendrá que pasar por un proceso de solicitud completo, tener una gran puntuación de crédito, una buena relación deuda-ingresos, y más con el fin de impresionar al banco, y puede ser más difícil trabajar con este y obtener el financiamiento.

Los bancos reciben una gran cantidad de solicitudes de financiamiento en casas regulares, préstamos para automóviles, inversiones en alquiler y más. Quieren asegurarse de que quienquiera que le den un préstamo podrá devolverlo. Y por lo tanto, sus requisitos van a ser mucho más estrictos en comparación con otros prestamistas. Pero son capaces de proporcionarle los mejores términos y tarifas en comparación con los otros, en muchos casos, lo que puede ser algo bueno para su resultado final. Se recomienda que al menos compruebe estos bancos para ver si pueden ofrecerle o no las mejores ofertas para lo que necesita.

Cooperativas de crédito

Las cooperativas de crédito son otra opción con la que puede elegir ir. Estos funcionan de forma similar a los bancos, pero a veces pueden ofrecer mejores tarifas, y un servicio más personalizado porque son locales de la zona. Estos son más pequeños, pero quieren ver el área que están en próspero, a diferencia de un banco, que puede preocuparse más por los resultados y no por las personas a las que prestan.

Si usted está considerando trabajar con una cooperativa de crédito, es importante sentarse y hablar con ellos antes de tiempo. Dejar que uno de los agentes de préstamos sepa cuáles son sus planes y pasar por los requisitos con ellos con anticipación puede asegurarse de que va a obtener el producto de préstamo adecuado para sus necesidades. El oficial de préstamos puede entonces ayudarle a hacer la solicitud, discutirá las cosas que necesita enviar, y se asegurará de que esté listo para ir.

Inversores individuales

A veces, usted puede trabajar con algunos inversores individuales con el fin de obtener el monto del préstamo que se necesita para estas propiedades. A veces hay inversores en su área que buscan obtener algunas ganancias en su dinero, pero no tienen tiempo, o no quieren hacer todo el trabajo ellos mismos. Pueden estar dispuestos a pagarle para hacer el trabajo para que puedan ganar dinero en el proceso

Usted debe discutir los términos antes de empezar. Cada inversor individual va a tener su propia lista de requisitos antes de que prestarán el dinero, y usted necesita asegurarse de que cumple con estas estipulaciones. Ambos tendrán que firmar un contrato entre sí antes del desembolso del dinero para asegurarse de que ambos están satisfechos con los términos y listos para comenzar.

Préstamo de renovación de estilo casero

Este tipo de préstamo está respaldado por Fannie Mae, y se emite principalmente a los inversionistas para financiar sus residencias primarias que pueden tener de una a cuatro unidades vivientes. Sin embargo, estos préstamos también están disponibles para los inversores que buscan voltear una segunda casa de una sola unidad o una propiedad de inversión.

Los inversores que buscan inversión para más de una unidad de propiedad de inversión deben buscar financiación en otro lugar. Además, los préstamos de renovación al estilo de la vivienda son hipotecas exclusivamente permanentes, lo que significa que los inversores que buscan préstamos a corto plazo no pueden beneficiarse. Por lo tanto, este tipo de préstamo es el más adecuado para los inversores que están comprando y renovando una propiedad de una sola unidad, y luego la mantienen.

Hipotecas en blanco

Una hipoteca global es un tipo exclusivo de hipoteca porque cubre y financia diferentes tipos de propiedades, todo bajo una sola hipoteca. Debido a esto, los inversores pueden utilizar la misma hipoteca para comprar dos o más propiedades como una sola inversión. Sin embargo, comúnmente, los prestamistas sólo aprueban hipotecas globales para los inversionistas que están tratando con cinco o más propiedades bajo un préstamo.

No existen límites en los tipos de propiedades que el prestamista puede financiar bajo este tipo de préstamo. Si bien sólo se requiere que las propiedades estén en buenas condiciones antes de que se realice la financiación, no hay restricciones con respecto al número de unidades a financiar. Como tal, un inversionista puede buscar financiamiento para varias propiedades de varias unidades usando un solo préstamo.

Por lo general, los inversores que buscan una hipoteca global la usan de una de dos maneras. En la primera, el inversor tiene la intención de comprar múltiples propiedades nuevas con un solo anticipo. En el segundo, el inversionista puede optar por refinanciar sus múltiples propiedades existentes usando un solo préstamo.

Préstamos para apartamentos y multifamiliares

Los préstamos multifamiliares funcionan de la misma manera que los préstamos de apartamentos. Son hipotecas que se utilizan para financiar la compra de inmuebles de inversión residencial que tienen un mínimo de cinco unidades. La diferencia es que los préstamos de apartamentos normalmente no pueden financiar propiedades con menos de cinco unidades de vivienda.

La combinación de préstamos de apartamentos y multifamiliares también ofrece a los inversores inmobiliarios diferentes maneras de financiar una propiedad con varias unidades. Por lo tanto, cualquier inversionista que desee invertir en una propiedad multi-unidad debe mirar a cualquiera de estos préstamos.

La desventaja es que este tipo de préstamos sólo pueden financiar una propiedad que tiene una pequeña cantidad de espacio con zonas comerciales. Por lo tanto, los préstamos no son adecuados para los inversores que buscan invertir en propiedades de servicios públicos mixtos.

Sus ahorros

Otra opción a considerar es usar sus propias finanzas. Si usted ha sido capaz de ahorrar durante algún tiempo y puede encontrar una muy buena oferta en una propiedad, entonces esta podría ser la opción para usted. Usted necesita llegar a una cantidad decente, sin embargo, y no le permite ningún apalancamiento en el proceso, lo que aumenta el riesgo en esta situación. Tienes que conseguir más dinero por adelantado para empezar con esto, así que si falla, ahí va tus ahorros.

Pagar por la propiedad completa de su propio bolsillo puede ser atractivo, aunque. Usted no se quedará atascado pagando una hipoteca durante los próximos 15 a 30 años, dependiendo de sus términos, y todo el dinero puede convertirse en su ganancia desde el principio. Pero ganar tanto dinero puede ser un desafío sin mucho tiempo.

Incluso si usted no viene con la cantidad completa, tener una cantidad decente para el pago inicial puede hacer una gran diferencia. Esto asegurará que el banco te ofrezca el resto de los fondos que necesitas para la propiedad, y puede reducir algunos de los costes mensuales que tienes que intentar cubrir con el alquiler, gracias a la reducción del dinero prestado y a una tasa de interés más baja.

Preguntar a amigos y familiares

Si tienes otras personas que buscan invertir parte de su propio dinero y quieren que otra persona lo haga por ellos, entonces conseguir que los que conoces en el trato puede sonar atractivo. Sin embargo, esto suele ser un último esfuerzo. Prestar dinero entre amigos y familiares a menudo puede terminar con un montón de sentimientos heridos y problemas, y es mejor ir con algunas otras opciones primero.

Sin embargo, si usted piensa que esta es la mejor opción, es uno a considerar. Antes de tomar cualquier dinero de aquellos que conoces, llega un acuerdo por escrito que ambas partes aceptarán. Esto debería detallar la cantidad de dinero que se está prestando, la tasa de interés en él, cuándo se pagará, y más. De esta manera, todos están en la misma página y no hay malentendidos ni sentimientos heridos en el proceso.

Capitulo 8

Ideas de Voltear de la Casa

La mayoría de la gente se presenta a la idea de la propiedad volteando de la televisión de realidad. Ven personas que son capaces de dejar dinero en una casa que se está desmoronando, hacer algunas mejoras, y luego hacer un montón de dinero en unos pocos meses. Mientras que estos programas de televisión tienden a glamourizar la idea de voltear la casa, la volteo de la propiedad sigue siendo una manera legítima de ganar dinero e invertir en su futuro.

Simplemente necesita saber cómo hacerlo y los pasos correctos para tomar, y podría hacer de esto un ingreso a tiempo completo.

El primer paso aquí es aprender exactamente de qué se trata el volteo de la propiedad. El volteo de la propiedad se define como la compra y venta de una casa, todo en el mismo año calendario ("Cómo voltear una propiedad: La guía definitiva", 2019). Así que técnicamente, si usted compra una casa para uso personal y luego tiene que mudarse fuera del estado diez meses más tarde, usted estaría torciendo la propiedad. La mayoría de las veces, el volteo de la propiedad va a ocurrir cuando un inversionista compra una propiedad y luego se da la vuelta y la vende dentro del próximo año para obtener un beneficio. Esto puede incluir la reparación y renovación para ayudar al inversionista a obtener beneficios en la reventa de esa propiedad.

Hay algunos métodos básicos involucrados cuando se trata de hacer dinero cuando se voltea una casa. Estos incluyen:

El cambio rápido: Para este método, el inversor va a localizar una casa que está por debajo de su valor de mercado. El inversor entonces compraría la casa y haría algunas reparaciones rápidas. Desean realizar cambios mínimos para aumentar el valor en un corto período de tiempo. Pueden arreglar algunos artículos, aplicar pintura nueva o hacer alguna actualización al atractivo de la casa. Dentro de unos meses, a veces incluso más corto, el inversor revenderá la casa de nuevo a valor de mercado y tomará las ganancias.

La renovación: Con esta opción, el inversor va a ubicar una casa que necesita bastantes reparaciones, rehabilitación, o alguna modernización. La casa se compra y luego, en unos meses, el inversor la renovará para maximizar el valor de mercado. El inversor obtendrá un beneficio simplemente restando el precio original junto con los costos de venta y los costos de las reparaciones del precio por el que venden la casa.

¿Cómo puedo ganar dinero en casas?

Mirando lo anterior, puede parecer bastante simple hacer algo de dinero de casas volteando. Hay mucho dinero que puedes ganar cuando te volteas, pero tienes que tener cuidado. Aquellos que saltan demasiado rápido sin hacer su investigación, o que gastan demasiado en una casa o sus reparaciones, terminarán perdiendo dinero en el proceso. Cosas importantes a tener en cuenta antes de que pueda hacer dinero volteando casas incluyen:

- Necesitas tener una idea del pulso del mercado. Usted necesita saber cuán alta es la demanda para los compradores en esa área, así como la cantidad que los compradores están dispuestos a pagar.

- Si el inversionista paga $100,000 por una casa, y luego otros $30,000 renovando la cocina para prepararla para la venta, pero los compradores solo pagarán $115,000 en ese mercado, el inversionista perdería $15,000 en el proceso.

- El inversor necesita ser capaz de llegar a estimaciones precisas para las reparaciones. Es posible que pueda encontrar una casa que se ofrece a un buen precio, pero si sus reparaciones terminan siendo mucho más de lo que planeó, entonces puede perder dinero. Incluso aquellos que tienen más experiencia en la contratación admitirán que a veces es difícil saber cuánta renovación se necesita hasta que comience.

- Si usted presupuesta $10,000 para renovar su cocina, luego entrar en el trabajo y encontrar que el cableado está por debajo del estándar, y el subpiso está podrido, es posible que tenga que pagar más. Podrías terminar pagando $15,500 por eso. Si esto te pone por encima del valor de mercado de la casa, perderás dinero.

- Usted necesita tener una estimación precisa del valor después de la reparación de la casa antes de comenzar en la rehabilitación. El éxito de la volteo de la propiedad va a depender de cuánto se puede vender la casa por. Y la calidad y la cantidad de las renovaciones que desea hacer dependerá de este número también.

- Cuando trabajabas con un agente, ibas a comprar una casa por $125,000 con la suposición de que se venderá por $165,000. Después de gastar alrededor de $25,000 en reparaciones y luego pagar los costos de cierre, usted estimó que ganaría $15,000. Pero espera, el agente sobrestimó el valor de la propiedad y sólo pudiste ganar $148,000 cuando vendiste la casa. Esto resulta en una pérdida de todas las ganancias y $2000 extra de su bolsillo.

Esto no está destinado a asustarte de entrar en el mercado para voltear casas. Simplemente está allí para mostrarle que tener éxito con él puede ser difícil para algunas personas y toma un poco de investigación y trabajo duro. Si usted hace los cálculos de la manera incorrecta, usted puede terminar recibiendo una gran pérdida financiera.

Por lo tanto, es posible hacer dinero cuando usted elige voltear casas, sólo tiene que entender lo que está haciendo y no sólo saltar y esperar que todo va bien. Necesitas estudiar el mercado, tener una buena idea de lo que un comprador potencial está buscando, tener las herramientas adecuadas para medir la rentabilidad de tu proyecto, y la resistencia para hacerlo todo y vender la propiedad. Es una gran inversión que puede hacerte mucho dinero, pero también viene con mucho trabajo en el proceso.

Capitulo 9

Reconocimiento

Muchos propietarios no se molestan ni son conscientes de los beneficios de la valoración de la propiedad, a pesar de que es el núcleo de adquisición y gestión de una propiedad. La valoración ayuda a desentrañar cualquier secreto y misterio que rodea la propiedad de una propiedad sobre los diferentes tipos de propiedad.

Para un inversor, un experto valorador es un activo importante porque puede tomar nota y aconsejar al inversor sobre posibles áreas grises en cuanto a la propiedad de la propiedad en cuestión.

Un tasador ha sido sometido a la formación y tiene las habilidades que necesita para examinar diferentes tipos y naturalezas de las actividades de propiedad. Comprueba la información indicada en el cuerpo del documento y la compara con el título de la propiedad. A continuación, aconseja al cliente en cuestiones relacionadas con varias formas de mutación y valores de propiedad adyacentes. También estudia y ofrece su opinión sobre el valor de la propiedad adyacente antes de volver a interpretar mapas de encuestas y ubicaciones de registro.

Con la locura actual que rodea la propiedad de la propiedad y la creación de un negocio a largo plazo utilizando bienes raíces, muchas personas se apresuran a comprar propiedades de inversión. Muchos corren los riesgos de aterrizar en la propiedad que esta sobrevalorada. Sin embargo, cuando buscan los servicios de un valorador, los inversores podrán entender las apreciaciones de capital de las propiedades que pretenden comprar y poseer. La información que obtenga se utilizará para negociar un precio de venta más justo.

A través de la valoración, un inversionista será capaz de decir si la propiedad o la tierra que está sosteniendo vale la pena invertir. La valoración también se convierte en una de las bases de la toma de un préstamo bancario, ya que el banco exigirá cierta seguridad contra la cantidad que se ha prestado. El inversionista puede proporcionar valoración de propiedades indiscutible a bancos, instituciones hipotecarias, compañías de seguros, posibles compradores e inversionistas.

Una vez que obtenga una retención del informe de valoración, recibirá los detalles que cubre la valoración. Más allá de contener los detalles de la propiedad en cuestión, el informe continúa detallando las tendencias de la propiedad en la zona, los factores que afectan el precio de la tierra y los elementos que podrían reducir el valor de la propiedad. El informe también describe el tipo de propiedad que es, el valor de venta esperado después de mucho tiempo y la apreciación probable del valor que se espera con el tiempo (Wessels, 2016). Otros detalles a esperar incluyen la edad de la propiedad, el tamaño de las habitaciones y su diseño, cualquier desgaste y el efecto que tiene en el valor de la propiedad, e incluso una evaluación sobre el tipo de accesorios que se utilizaron durante la construcción.

Para que el proceso de valoración sea justo, el valorador debe comparar su propiedad con otras similares en su área. Como tal, el valor que asigna a su casa será similar a los precios generales de la casa en la zona. La demanda de propiedad en la zona, la conveniencia del barrio y la ubicación en relación con las comodidades más cercanas también afectarán a su valoración.

Los datos que tiene el Registro de la Propiedad también pueden afectar al valor que se le da. El gobierno actualiza los precios de las casas en un área mensual en un intento de mantenerse al día con los cambios en los precios de las propiedades en el país, y esto también puede ser un determinante del valor de la casa en cuestión.

Por lo tanto, siempre que quieras vender o comprar una casa, la agencia a la que estás vendiendo o la agencia que está financiando envía un valorador para echar un vistazo y comprobar lo que vale la casa. Por lo tanto, si está vendiendo una propiedad, asegúrese de que la propiedad está en forma de punta. Debe estar limpio, ordenado y no debe haber ningún desorden dentro y alrededor de él. El agente entonces moverá habitación por habitación evaluando el tamaño y el estado de cada uno. El estado de la palabra también es importante en el proceso de valoración.

Por qué debe entender el proceso de valoración

La primera razón es que una vez que entienda los factores que influyen en el valor de una propiedad, tendrá que tomar nota de los aspectos de la propiedad que puede utilizar para negociar y evitar pagar en exceso por su propiedad.

La segunda razón es que conocer el proceso de valoración le ayudará a asegurarse de obtener una valoración favorable sobre sus propiedades existentes y futuras. Esto se debe a que si usted puede proporcionar al evaluador información con respecto a la evidencia relevante que puede estar buscando, usted será capaz de hacer un caso más fuerte e influir en una evaluación más alta.

En tercer lugar, cuando entiendes lo que el valorador está buscando y continuamente señalas los rasgos positivos de tu propiedad, que pueden no ser obvios para el valorador, es probable que funcione a tu favor.

Sin embargo, debe recordar que los valoradores han trabajado en sus campos durante un tiempo y se han convertido en expertos en la evaluación de la propiedad. Es posible que no desee aparecer como si los estuviera condecorando. Sin embargo, si usted está en posesión de información que podría ahorrar tiempo a ambas partes, muchos valoradores pueden estar abiertos a escucharlo.

La valoración

Utilizando la información que el valorador ha recopilado del proceso de inspección, y comparando la propiedad de destino con otras que se han vendido recientemente y tienen propiedades similares, el valorador obtendrá lo que se denomina una valoración.

Cuantos más se relacionen entre la propiedad actual y las tres utilizadas para la comparación, más probable es que la valoración sea[1] exacta. Las propiedades utilizadas para la comparación deben haberse vendido recientemente, al menos en los últimos seis meses. Sin embargo, dependiendo de las tendencias del mercado y de la rapidez con la que se produzcan estos cambios, los valoradores podrían optar por confiar en las ventas que se han realizado en los últimos 3 meses solamente.

Una vez completado el proceso de análisis, el valorador compila un informe para describir las propiedades que utilizó para la

---

[1] https://www.propertygeek.net/article/evaluate-property-investment/

comparación y evalúa qué tan diferentes son las propiedades de la actual.

El valorador presenta el informe de valoración al individuo o a la institución que ordenó la valoración. Si la valoración fue encargada por el prestamista con respecto a una solicitud de préstamo en particular, el prestatario no llega a ver el informe, aunque puede solicitar al prestamista que proporcione la cifra de valoración.

Capítulo 10

Ubicación y
posicionamiento en el mercado

Cuando esté listo para buscar las propiedades que potencialmente comprará y usará para esta inversión, debe haber algún tipo de análisis que se produzca en el proceso. Este análisis le ayuda a determinar cuánto alquiler podrá cobrar, si la ubicación de la propiedad es correcta, cuánto tendrá que gastar en la propiedad, y mucho más en el proceso. Este capítulo va a tomar algún tiempo para ver cómo puede analizar una propiedad de alquiler antes de decidir comprarla.

¿Dónde está?

La ubicación de la propiedad va a importar (Bethell, 2018). Esto hará una diferencia en la cantidad que va a pagar, el tipo de inquilinos que se muda en, y mucho más. Debe tener en cuenta el área y la ubicación donde los posibles inquilinos les gustaría vivir y, a continuación, considerar buscar allí para encontrar las propiedades correctas.

Echemos un vistazo a un escenario aquí. Tal vez encuentres esta propiedad perfecta. Se indica por un buen precio y es de tres habitaciones, un baño al igual que lo que estabas buscando. Usted mira las imágenes en línea y notar que hay un montón de otras características que quería para su inquilino.

Luego nos fijamos en la ubicación y notar que está en una mala zona de la ciudad. Esta propiedad perfecta está lejos de los parques, en ninguna parte cerca de las escuelas en la ciudad, y el área experimenta es una gran cantidad de delito. Y cuando has pasado por esto en el pasado para llegar a donde ibas, te diste cuenta de que era fuerte y un poco sucio. Esa propiedad puede ser una gran oferta, pero usted sabe que sería muy difícil para obtener los inquilinos de alta calidad para mudarse.

Pero esto se puede dar la vuelta en algunos casos. Tal vez usted encuentra una propiedad que necesita un poco de TLC y es un poco deteriorado. Pero te das cuenta de que todavía tiene los requisitos que quieres, tal vez los tres dormitorios y uno o dos baños para una familia en crecimiento. Te gusta el patio trasero, pero ves que tal vez necesites poner algo de trabajo en él.

Desde aquí, usted decide mirar la ubicación y se sorprenden. Este está justo al otro lado de la calle de la escuela local, hay varios parques a una corta distancia a pie, la biblioteca está justo al final de la calle, y hay un montón de otras familias en el área. Usted puede decir rápidamente que aunque tendrá que hacer un poco de trabajo para llegar a tabaco con las otras propiedades, este es bien vale la pena su tiempo porque los inquilinos quieren vivir aquí y que están dispuestos a pagar un alquiler más alto para hacerlo.

¿Qué es el precio de mercado?

Si bien es importante echar un vistazo al precio de cotización de la propiedad, también tiene que echar un vistazo a los precios que están en el mercado alrededor de la propiedad, así. Usted puede ser capaz de encontrar una propiedad que está listada por $100,000 y puede parecer una buena oferta. Pero luego considere los precios de mercado de las casas alrededor de ella, y otras casas similares en el área, y encontrar que todos ellos se enumeran en el rango de $90,000 a $100,000, entonces esto puede no ser tan bueno de un trato como pensaba.

Comparar el precio indicado con el precio de mercado va a ser tan importante cuando se trata de ayudarle a obtener la buena oferta que desea. Usted quiere ver el precio de mercado de las casas, y luego encontrar una propiedad que es bastante más bajo que ese precio. Esta es la primera señal de que usted está recibiendo un buen trato. Por supuesto, usted querrá ir a través de y doble comprobar que esta casa es realmente una buena opción y que no va a necesitar demasiado trabajo.

Pero ya que muchos inversores, así como los compradores de viviendas, van a mirar el precio primero, entonces este es un buen lugar para empezar. Si la propiedad se cotiza en o por encima del valor de mercado, esto significa que no va a ser una buena inversión para usted a menos que sea capaz de obtener el precio impulsado hacia abajo. Pero, si el precio es bastante por debajo del valor de mercado en esa área, entonces sería prudente para usted para comprobar.

¿Cuál es la razón por la que el Vendedor lo está ofreciendo?

La motivación detrás del vendedor decidiendo deshacerse de la propiedad y venderla va a hacer una diferencia en el precio por el que se puede obtener. Si el vendedor está buscando mudarse a un nuevo hogar, uno que es para su creciente familia, pero tienen algún tiempo antes de que necesiten vender, entonces probablemente no será capaz de obtener el precio de anuncio mucho más abajo.

Pero, si hay alguna fuerza motriz que está haciendo que el vendedor se mueva, entonces usted puede estar de suerte. Por ejemplo, si el vendedor se está moviendo porque están a punto de ser hipotecados porque perdieron su trabajo y no pueden pagar la propiedad por más tiempo, o porque están saliendo de una mala oferta de inversión, entonces están interesados en superar este proceso un poco más rápido. Será más probable que tomen su oferta, siempre y cuando salte rápidamente antes de que otras ofertas comiencen a entrar.

Eche un vistazo a la propiedad

Esto le dará la mejor idea de si la propiedad está en buena forma, lo grande que es realmente la propiedad, el tipo de vecindario en el que se encuentra, y si las imágenes y la información del vendedor son realmente los mismos que lo que está en su cabeza.

Asegúrate de pasar algún tiempo visitando el vecindario primero. Llegue media hora más o menos antes de su reunión programada y conduzca. Incluso tome un poco de tiempo para salir del coche y caminar alrededor también. Tome nota de las otras propiedades, si hay una gran cantidad de ruido fuerte, y lo que otras cosas que su inquilino puede notar. Esto le dará una mejor idea de la casa en sí, y el entorno que estará alrededor de sus inquilinos cuando se muden.

Luego, después de obtener una buena sensación para el vecindario alrededor de la propiedad, puedes entrar con el vendedor. Mira cada habitación, concéntrate en el diseño y haz muchas preguntas a medida que avanzas. Esto le hará determinar todo lo que necesita para hacer en la propiedad, si la propiedad es realmente una buena inversión o no y puede ayudarle a ser consciente de cualquier problema que pueda necesitar para abordar.

¿Cumplirá con sus requisitos?

Antes de ir y ver cualquier propiedad, debe escribir una lista de requisitos que todas las propiedades deben cumplir antes de comprarlas. Si bien puedes doblar un poco en esto, como comprar una casa de tres habitaciones en lugar de un cuatro si ves una manera de agregar un nuevo dormitorio sin que cueste demasiado, esta lista debe mantenerse prácticamente en su lugar. Esto asegurará que realmente elija una propiedad que usted necesita y quiere, en lugar de entrar en una casa y enamorarse de algo que nunca funcionará.

Una buena manera de averiguar la lista de requisitos con la que desea trabajar es pensar en el inquilino de destino. Piense en a quién le gustaría alquilar la propiedad. Si desea alquilar a una pareja de ancianos, por ejemplo, es posible que desee encontrar un vecindario tranquilo lejos del ruido y el distrito del centro de la ciudad. Una casa ranchera de dos dormitorios sin una gran cantidad de escaleras, al menos un baño, cerca del autobús y otras comodidades que la pareja necesitaría en esta etapa de su vida puede ser agradable, así.

Pero cuando usted está alquilando a una familia con niños, sus requisitos pueden ser diferentes. Estos inquilinos pueden querer tres o cuatro dormitorios con algunos baños. Quieren estar cerca de las escuelas y los parques, y pueden vivir en una casa ranchera o uno con unos pocos niveles si es necesario

Cada tipo de inquilino va a querer algo diferente y pensar en sus necesidades con anticipación hará que sea más fácil hacer su lista de requisitos. Trate de ser lo más específico posible con esta lista y llévela con usted. Entonces, si una propiedad se ajusta a esos requisitos, o con algunos cambios podría hacerse para adaptarse a esos requisitos, usted sabe que usted tiene una buena propiedad en sus manos.

Aumentar el valor de una propiedad

Si usted no está maximizando el potencial de su propiedad de
alquiler, entonces usted está dejando dinero en la mesa. Hay ciertos
elementos necesarios para que alguien viva en una propiedad de su
propiedad. Estas son las cosas que buscó cuando estaba buscando por
primera vez para comprar la propiedad. Ahora usted necesita tomar
todos estos requisitos y averiguar cómo hacer el mayor dinero de
ellos. Aquí hay cosas que puede hacer para aumentar el valor de su
propiedad de alquiler.

Disminuir gastos

Sin disminuir el valor del alquiler, trate de averiguar dónde puede
reducir los gastos. Usted tiene gastos con contadores, publicidad,
seguros, abogados, honorarios legales, licencias, mantenimiento,
administración de propiedades y reparaciones. Si usted está en un
área suburbana, la competencia es alta y siempre se puede encontrar
personas para hacer estas tareas por menos que sus competidores,
sólo tiene que mirar a su alrededor y que necesita hacer esto una vez
al año.

Pasar los Gastos a los Inquilinos

No solo es una tarea menos o tareas que usted necesita manejar, pero
dejar el cable, Internet, electricidad (que necesitaría un medidor
separado para cada unidad), gas, y el agua a los inquilinos puede
aumentar el valor de su propiedad. Estos gastos pueden y
generalmente aumentan cada año o dos. Al tener los inquilinos pagar
por estos puede ayudar a mantener el precio de su contrato de
arrendamiento en una posición que es más rentable. Por ejemplo, los

inquilinos obtienen exactamente lo que quieren y pueden optar por supervisar algunos de estos gastos. Esto puede hacer que el alquiler sea más atractivo para los inquilinos. También puede encontrar difícil aumentar el alquiler cada año. Sí, aumentar su alquiler cada año puede necesitar ser hecho si los impuestos suben o debido al costo de vida, pero tener que también mantenerse al día con otros gastos crecientes puede hacer que aumente el contrato de arrendamiento más de lo que los inquilinos están dispuestos a pagar. Por lo tanto, lo que le hace pasar más de su tiempo buscando nuevos inquilinos.

Aumento del alquiler

Ya que mencioné esto antes, es mejor que nos pongamos en ello a continuación. Desea asegurarse de que sus tarifas sean en o cerca del valor de mercado. Usted no tiene que tener sus tarifas menos que sus competidores si usted tiene más que ofrecer, sólo asegúrese de que está dentro de un rango realista. Una tasa de inflación estándar es del 3% anual. He visto un aumento tan bajo en .4% y tan alto como 4.5%, que simplemente suceden unos a otros. Tenga en cuenta que el 3% en una unidad de $1,000 es solo $30, pero si tiene varias unidades, este porcentaje puede sumar a largo plazo.

Complementos

Tal vez uno de los apartamentos cuenta con un garaje, o un lugar de estacionamiento específico. Hay muchos alquileres que no admiten mascotas. Tenga en cuenta que las mascotas pueden y por lo general causan más daños que los humanos, pero le da la opción de aumentar el valor de su unidad. Tal vez hay recursos que se pueden compartir entre todas las unidades (es decir, lavadora y secadora). Esto puede mantener bajos los gastos en cada unidad, y posiblemente evitar que los inquilinos tengan que comprar sus propias unidades.

Reparaciones y actualizaciones

Busque actualizar y modernizar unidades obsoletas. Las unidades obsoletas dan la impresión de que poco dinero está entrando en la propiedad y puede apagar los inquilinos. Las propiedades actualizadas muestran que el propietario se enorgullece de lo que tienen y pueden hacer que los posibles inquilinos se sientan como que serán atendidos mientras que están alquilando allí. Por supuesto, con un aumento del valor viene un aumento de las tasas. Si realmente desea agregar algunos costos de mejora, puedes intentar agregar pies cuadrados a la propiedad. Derribar las paredes y hacer un plano de planta abierto hace que el alquiler se vea más grande. La adición de armarios y habitaciones en el pasillo también le permitirá aumentar sus tarifas con el valor añadido.

Combinación y/o Subdivisión de Unidades

A veces te encuentras con propiedades que están a un gran precio y tienen mucho potencial, pero simplemente no parecen comparar se comparan con el mercado que los rodea. Eso estaba haciendo tu tarea antes de comprar entra en juego. Por ejemplo, si usted está en un área fueron varias familias/generaciones les gusta vivir juntos, entonces tal vez su propiedad con tres unidades pequeñas no va a trabajar para ellos. Vuelva al capítulo que cubre las reparaciones y las actualizaciones. Tal vez derribar una pared para combinar dos unidades sería más beneficioso a largo plazo. Puede bajarle a sólo dos unidades, pero puede aumentar la tasa para compensar la pérdida de la tercera unidad.

Impuestos sobre la propiedad

Puede tratar de disminuir sus impuestos sobre la propiedad. Esta no es una táctica común, o una táctica fácil para el caso, pero tiene y se puede hacer. Lo que necesita hacer es tratar de mostrar el tasador de propiedades local que la propiedad no vale la pena lo que actualmente tienen la propiedad listada en. Si se reduce el valor contable de la propiedad (o simplemente la casa en la propiedad), entonces los impuestos se reducirán.

Capítulo 11

Contratación del equipo adecuado

Si está listo para comenzar con su nueva inversión, usted necesita para asegurarse de que usted tiene las personas adecuadas a su alrededor todo el tiempo. Es tan importante encontrar algunas buenas personas que estén dispuestas a ayudarte, las que pueden responder a tus preguntas, hacer el trabajo, ayudarte a encontrar propiedades y mucho más. Estas son algunas de las mejores personas que debe tener en su equipo de bienes raíces para ver el mayor éxito.

Encontrar un agente inmobiliario

Lo número uno que debe tener en cuenta cuando se está metiendo en la inversión de propiedades de alquiler y para ayudarle a reducir su riesgo es encontrar un agente de bienes raíces. Muchos principiantes asumen que no necesitan uno de estos profesionales. Creen que lo harán mejor por sí solos y que no será tan difícil encontrar una propiedad y cerrar con éxito. Incluso pueden preocuparse de que contratar a un agente de bienes raíces les va a costar más dinero, y como están tratando de mantener sus costos al mínimo, deciden no usarlos.

Pero cuando se trata de invertir en bienes raíces, especialmente en propiedades de alquiler, trabajar con un agente de bienes raíces puede ser un gran beneficio para usted durante todo el proceso. Ellos van a ser capaces de traer un nivel de experiencia que usted simplemente no es capaz de conseguir en cualquier otro lugar; pueden traer un segundo par de ojos al mirar la propiedad; pueden responder a sus preguntas, manejar el papeleo, y mucho más.

Para empezar, un buen agente de bienes raíces será capaz de ayudarle a buscar alrededor para encontrar la propiedad perfecta. Lo más probable es que hayan estado en la industria durante algún tiempo y tienen un montón de conexiones que podrían beneficiarle. Una vez que esté interesado en una propiedad sobre otra, que será capaz de ir y buscarlo con usted. Dado que han vendido bastantes casas, con suerte, que será capaz de señalar algunas de las cosas que son buenas y algunas de las cosas que son malas sobre la propiedad. Y ya que están trabajando para usted en este caso, en lugar del vendedor, usted entiende que están preocupados por sus intereses cuando se habla de la propiedad.

Cuando esté listo para poner una oferta en una propiedad, el agente de bienes raíces estará allí para ayudar con esto, así. Tienen toda la documentación necesaria para ayudarle a llenar su oferta, junto con cualquiera de las contingencias con las que está interesado en trabajar, como una inspección de la casa, antes de aceptar comprar la propiedad. Una vez aceptada la oferta por el vendedor, podrá redactar el acuerdo de compra.

A partir de ahí, el agente le guiará a través de las inspecciones de la casa, el cheque de rotulación, y cualquiera de las otras cosas que usted necesita hacer para prepararse para comprar la propiedad. Si surge algún problema mientras usted está trabajando con ellos, entonces ellos darán un paso adelante y ayudarán a que la transición y el proceso tan suave como sea posible. Al final, que estará allí cuando firmar en la propiedad y obtenga las llaves, asegurándose de que todos los papeleo sano y otras necesidades están allí en ese momento, así.

Y la mejor parte de esto es que usted obtiene todos estos servicios, y más, del agente, de forma gratuita! El vendedor será el responsable de pagar a los agentes que participan en la transacción. Por lo tanto, usted será capaz de utilizar todos los servicios ordenados del agente de bienes raíces, sin tener que preocuparse de que se corte en sus resultados, hasta que planea vender la propiedad.

Trabajar con un abogado

Especialmente si usted no está planeando trabajar con un agente de bienes raíces, entonces trabajar con un abogado de bienes raíces o abogado es una necesidad. Ellos se asegurarán de que usted está recibiendo todo el papeleo correcto llenado y firmado para hacer todo el proceso legal y para asegurarse de que va sin problemas. A menos que tenga mucho conocimiento sobre el mercado de bienes raíces, o que fue a la escuela de derecho, mirando todos los papeles que se necesitan para comprar una propiedad podría ser suficiente para hacer que su cabeza gire.

Un abogado de bienes raíces será crítico en tal situación. Tienen el papeleo adecuado, y el conocimiento adecuado, para asegurarse de que usted está protegido durante toda la experiencia de compra de la casa. Pueden entregarle copias del papeleo que puede firmar y luego usar con el vendedor. O, si el vendedor termina enviando algunas negociaciones u otro papeleo a usted, puede llevar esta información a su abogado

Mientras que la compra de una propiedad puede parecer que es sencillo, y usted puede asumir que esta debe ser la parte fácil después de encontrar la propiedad, toda la jerga legal puede llegar a ser confuso para la mayoría de las personas, y reducir algunos de los riesgos por tener un abogado de su lado , al menos mirar el papeleo, hará las cosas mucho más fáciles en usted.

Encontrar un buen contratista

Si usted es capaz de obtener una propiedad por un buen precio, es probable que todavía tendrá que solucionarlo, al menos un poco. Usted se sorprenderá de las cosas potenciales compradores de vivienda se convertirá su nariz en, y a menudo solo se necesita unos pocos dólares de usted y un poco de tiempo y esfuerzo para solucionar ese problema y obtener la propiedad que se ve mejor. Por ejemplo, ir a través y volver a pintar la propiedad, limpiarlo un poco, agregar nuevo hardware en algunos de los gabinetes, y reemplazar los grifos puede cambiar el aspecto de la propiedad y puede hacer que valga la pena mucho más.

Cuando se trata de estas pequeñas correcciones, usted será capaz de hacer el trabajo por su cuenta. Está bien ahorrar algo de dinero y dolor con todas las habitaciones o toda la casa por sí mismo, en lugar de pagar a alguien para que lo haga por usted. Pero va a haber momentos en que tiene que haber un trabajo más extenso en la propiedad, y esto terminará pasando su nivel de experiencia. Cuando esto sucede, es hora de llamar a un contratista para ayudarle.

Conocerás a una serie de buenos contratistas dispuestos a ayudarte con todos los proyectos que quieras hacer. A veces el proyecto va a ser muy profundo, y a veces es un poco más fácil, pero el contratista puede intervenir y hacerlo hasta el código y ahorrarle tiempo y presupuesto.

Su trabajo es encontrar un contratista que pueda y esté dispuesto a trabajar con usted a largo plazo y por un buen precio. Desea que alguien que es rápido y puede venir obtenga la propiedad fija y listo para ir en ningún momento después de que la compra, mientras que también ser capaz de ayudarlo si algo sucede a la propiedad después de que ya tienen los inquilinos en ella. Puede haber muchos contratistas que digan que son los mejores, pero encontrar a alguien que pueda hacer todo esto, sin costar un brazo y una pierna, a veces puede parecer imposible.

Si usted encuentra un desafío para identificar el contratista adecuado para sus necesidades, incluso después de hablar con algunos de ellos, entonces es el momento de hablar con su agente de bienes raíces. Es probable que tengan los nombres de algunos contratistas que pueden ser capaces de ayudarle. Recuerde, estos agentes han trabajado en el mercado durante mucho tiempo, y han tenido una gran cantidad de compradores de casas trabajan con ellos también. Pueden ser capaces de sacar algunos de los nombres que han utilizado con los clientes en el pasado.

El valor de un mentor

Otra persona que usted debe considerar agregar a su equipo mientras estamos en él es un buen mentor. Un buen mentor realmente puede ayudarte a tomar los pasos correctos para ver algún éxito con todo este esfuerzo. Pueden responder a sus preguntas, ayudarle cuando las cosas se atascan, dar consejos y mucho más. Un buen mentor, si usted puede encontrar uno, puede resultar ser un activo valioso.

A menudo hay muchas personas que estarían dispuestas a convertirse en su mentor, sólo tiene que encontrarlos y estar dispuesto a mostrarles el beneficio. Si puedes, lo mejor es encontrar un mentor que haya trabajado con propiedades de alquiler como su vehículo de inversión en particular. Pero si usted puede encontrar a alguien que ha invertido en cualquier tipo de bienes raíces, incluso con flipping casas, todavía pueden proporcionarle una buena cantidad de información y ayuda en esta industria.

Haz buen uso del tiempo que pasas con tu mentor. Usted quiere asegurarse de que está haciendo las preguntas correctas y recibiendo tantos consejos del mentor como sea posible, sin perder su propio tiempo o su tiempo. Tenga en cuenta que estas personas ya han pasado por mucha incertidumbre, el riesgo y las mismas situaciones que usted tiene, tienen una gran cantidad de conocimiento según el la cual lo tienen.

Encontrar un buen prestamista

Encontrar un buen prestamista puede hacer o romper su aventura inmobiliaria. Usted necesita tomarse el tiempo para hacer algunas investigaciones y encontrar el prestamista adecuado que le ayudará a conseguir a través de todos los requisitos financieros duros de su inversión. Y si es posible, encuentre a alguien que no sólo pueda utilizar en su primera inversión, sino a un individuo que tiene la voluntad y la capacidad de trabajar con usted en todas las inversiones futuras que usted hace en bienes raíces.

Cuando encuentre un prestamista, que es capaz de ayudarle en múltiples propiedades, encontrará que esto hace que todo el proceso sea un poco más fácil. Ya conocen su información, por lo que volver a enviar y verificar es mucho más fácil que empezar desde cero. También pueden estar dispuestos a ofrecerle una tasa de interés más baja porque tiene un historial de pagarlos a tiempo. Además, a medida que avanza y compra más propiedades con el tiempo, sus ingresos de alquiler pueden comenzar a utilizarse en la relación deuda/ingresos, lo que le ayudará aún más.

Busca un buen prestamista con el que trabajar. Usted encontrará que las cooperativas de crédito locales son a menudo los mejores para trabajar con. Estos tienen un interés especial en las personas de sus comunidades, lo que significa que están dispuestos a trabajar con usted más de lo que algunos de los bancos y prestamistas más grandes serán. A veces pueden trabajar para negociar la cantidad que usted pagará en intereses durante el plazo del préstamo. Siempre compare algunos prestamistas diferentes, sin embargo, para ver cuál puede darle la mejor oferta, y la tasa de interés más baja, posible.

Hable con las empresas de administración de propiedades

Usted se dará cuenta de que usted no requerirá un noble administrador de la propiedad para disfrutar de unos años más en la línea. Muchos inversores inmobiliarios de alquiler deciden ejecutar las primeras propiedades por su cuenta con el fin de mantener los costos lo más bajos posible. Para cuando obtenga el financiamiento, encuentre la propiedad, arréglala y los inquilinos entren allí, y luego lo haga de nuevo con una o dos propiedades más, podría tomar unos años.

En medio de eso, entra allí y comienza a hablar con diferentes compañías de administración de la propiedad tan pronto como sea posible. Se necesita algún tiempo para encontrar a alguien en quien confías, y alguien que le dará un buen precio en sus propiedades, y que no desea esperar hasta que necesite que incluso empezar a buscar. Siempre recuerde que la cantidad que cobran va a cortar en su resultado final. Por último, recuerde que van a representar a los inquilinos, así que elija sabiamente.

Iniciar redes

Mientras está en el proceso de búsqueda de la propiedad perfecta, considere la posibilidad de establecer redes. Nunca sabes cuando alguien que conoces podría ofrecer una propiedad por un buen precio, o cuando puedes encontrarte con alguien que podría ser tu próximo inquilino. Algunos de los mejores inquilinos y las mejores ofertas de propiedades que obtienes vendrán de las redes que haces ahora.

A pesar de que todavía quieres pasar tiempo buscando en la MLS, trabajando con tu agente inmobiliario, y haciendo un poco de trabajo para ver si hay carteles de venta por la ciudad para encontrar tus propiedades, es posible que encuentres que algunas de las mejores ofertas que encuentras son de personas que conoces. Esa persona con la que pasaste algún tiempo hablando en el partido de fútbol de tu hija puede llamarte cuando su abuela está buscando vender su propiedad rápidamente. Esa persona que conociste en la fila en la tienda de comestibles puede haber escuchado noticias sobre una propiedad que ha aparecido en el mercado recientemente.

Estos son solo algunos ejemplos de cómo esto puede funcionar a su favor. A menudo las propiedades que terminas usando para tus inversiones no van a estar sentados en los sitios de bienes raíces, a pesar de que este es un gran lugar para comenzar y puedes encontrar algunas. A menudo, van a venir de las personas con las que pasas tiempo conociendo y hablando en tu propia área.

Crear su equipo de ensueño es tan importante cuando se trata de bienes raíces. Necesitarás a alguien o tal vez algunas personas allí para ayudarte en el camino. Comience a buscar a las personas adecuadas para formar parte de su equipo hoy mismo para que pueda seguir el camino correcto para ver realmente el éxito.

Capítulo 12

Gestión de Una
Propiedad de Alquiler

Que la administración, tareas de reparación, y el mantenimiento de una propiedad de alquiler puede ser desalentador, inconveniente, lento, frustrante, y un dolor de cabeza. Dicho esto, vamos a revisar todo lo que se necesita para administrar y mantener una propiedad de alquiler.

Cuando un inversionista compra una propiedad, se convierte en un arrendador. Toda la responsabilidad recae sobre sus hombros. Es una inversión y el propósito es que cree un flujo de caja positivo, junto con todos los demás beneficios en la propiedad de alquiler de bienes raíces. También se supone que ofrecen un inquilino un buen lugar para vivir.

Desde el momento en que el alquiler está disponible para el público, comienza el proceso de alquiler, como se indica a continuación:

- Asegúrese de que la propiedad tiene todas las reparaciones necesarias hechas y es compatible con el código para ser una propiedad de alquiler.

• Enumere el alquiler en el mercado ya sea con un agente de
bienes raíces o en varios sitios web de medios sociales y / o
el periódico local.

• Haga citas para reunirse con posibles inquilinos en la
propiedad.

• Conozca a los posibles inquilinos y muestre el alquiler.
Responda preguntas e inquietudes.

• Reparta aplicaciones.

• Revise las solicitudes enviadas. El inversor puede tener que
pasar por algunas aplicaciones antes de estar satisfecho con
una que creen que pasará.

• Cuando se encuentre un inquilino aceptable, comience a
examinar al inquilino y lleve a cabo una verificación de
antecedentes. Si la verificación de antecedentes pasa, el
alquiler se ofrece al inquilino.

• Firma el contrato.

• Recoja el depósito de seguridad y el primer mes de alquiler.

• Deje que las llaves se entreguen al nuevo inquilino.

• Cobrar el alquiler cada mes.

- Asistir a cualquier problema de mantenimiento durante el transcurso de la tenencia (y que, por lo general, siempre suceden en el fin de semana).

- Realice un seguimiento de cualquier queja hecha por vecinos, HOA o autoridades sobre el comportamiento disruptivo de un inquilino.

- Tratar con el impago del alquiler o los pagos parciales continuos del alquiler.

- Destrucción a la propiedad por los inquilinos y / o mascotas.

- Desalojar al inquilino – tener un aviso de pago de 3 días o dejar de fumar servido y desalojar legalmente a los inquilinos si no se realiza ningún pago después de tres días.

- Presentar documentos judiciales para el desalojo.

- Tener documentos servidos en los inquilinos.

- El proceso de desalojo generalmente puede tomar entre 30-45 días. Si los calendarios de la corte están llenos y se producen días festivos durante este tiempo, podría tomar hasta 60 días para desalojar. Esto ata la propiedad. No se puede volver a alquilar hasta que esté vacante. Esto afecta negativamente el flujo de caja y las finanzas.

- Inspeccione la propiedad después de que esté vacía. Reparar cualquier daño a la propiedad. Si los inquilinos, sus mascotas, o cualquier persona asociada con los inquilinos (amigos y familiares) causó daños a la propiedad, las deducciones se pueden hacer desde el depósito de seguridad para pagar por ella.

• Detallar cualquier deducción hecha al depósito de seguridad y enviar una carta, correo certificado, a los antiguos inquilinos junto con un cheque para el resto del depósito. Si los daños y la limpieza son extensos, puede requerir que todo el depósito se utilice para remediar la condición y llevar la propiedad al nivel de volver a ser rentable. El depósito de seguridad puede no cubrir todos los daños, y las reparaciones pueden tener que ser pagadas de su bolsillo por el inversionista.

• Repita el proceso de nuevo.

Algunos inversores son útiles con las reparaciones y pueden hacerlas sin llamar a un manitas para hacer la fijación. Sin embargo, no todos son pintores, electricistas, fontaneros o tejados. Probablemente necesitará tener una red de profesionales con licencia que se especializan en ese tipo de reparaciones.

Contratar a un administrador de la propiedad/empresa de administración

Si un inversionista quiere mantener una distancia de armas de todo el proceso del propietario, entonces por lo general contratan a una persona o empresa de administración de propiedades para administrar sus propiedades.

La responsabilidad no disminuye para el inversor. Todavía tienen que tomar las decisiones definitivas sobre la propiedad. Sin embargo, el proceso que consume mucho tiempo es manejado por otra parte cuya única responsabilidad es ejecutar todos los aspectos de la gestión y mantenimiento de la propiedad del inversionista.

Un administrador de la propiedad o una firma de administración, por lo general, cobra el 10 por ciento del alquiler mensual para una casa unifamiliar, y de cuatro a siete por ciento para propiedades con 10 unidades o más.

El administrador de la propiedad o una compañía de administración establece el alquiler en las propiedades para atraer a los inquilinos, cobra el alquiler mensual, y ajusta el alquiler para el próximo período de arrendamiento de acuerdo con las leyes del estado o municipio.

El conocimiento de todas las leyes estatales y municipales del arrendador/inquilino es responsabilidad de un administrador de la propiedad.

Como administrador de la propiedad, ya sea una pequeña empresa, una tienda unipersonal o como una empresa de gestión con todo el personal, es responsabilidad de un administrador de la propiedad mantener la inversión del inversor gestionada, mantenida y en buenas condiciones de trabajo (Eberlin, 2019).

Los inquilinos

Algunos inquilinos llamará para cada pequeña cosa que sucede en la propiedad. Una bombilla explotó en el refrigerador o en el baño. O el inquilino nunca cambia el filtro de aire acondicionado, pero se queja de que la propiedad está caliente, y el aire acondicionado no está funcionando correctamente.

El administrador de la propiedad debe enviar a alguien para solucionar el problema o salir a la propiedad ellos mismos, la compra de algunas bombillas y filtros de aire acondicionado a lo largo del camino, para el uso del inquilino.

Contratación de un handyman

Tener algunos números de teléfono para un manitas es una necesidad. Por lo general, se llaman para las pequeñas reparaciones que se necesitan. Un triturador de basura o inodoro se detiene hacia arriba, la persiana de la ventana necesita ser reemplazada, o una puerta o pomo de la puerta sigue pegando. Estos son algunos de los tipos de reparaciones que manejan.

El problema con algunos manitas es que dicen que vendrán y harán el trabajo, y algunos de ellos no aparecen. Para empeorar las cosas, ni siquiera llaman para decir que llegarán tarde o no pueden llegar ese día.

La mayoría de las veces, cuando se ha solicitado una reparación, el inquilino está en el trabajo y le da al administrador de la propiedad permiso para entrar en la propiedad con el manitas para solucionar el problema. Cuando un manitas no se presenta, es muy frustrante para el administrador de la propiedad que está esperando para que lleguen para que ellos en. El resultado es que el problema no se solucione, el tiempo del administrador de la propiedad se desperdicia, y el

inquilino vuelve a casa y encuentra que la reparación no se había
hecho.

¿Quién decide reparaciones y costos?

Como se ha dicho antes, un inversor por lo general tiene una red de
personas que ayudan en la gestión y el mantenimiento de su
inversión. En su mayor parte, las decisiones sobre cómo se gestiona
la propiedad, y quién hace cualquier rehabilitación o reparaciones
recae en el inversor.

Sin embargo, el administrador de la propiedad puede ser llamado
para recomendar uno de sus contactos para hacer tareas de reparación
o rehabilitación, como remodelación y actualización de cocinas y
baños, techos, electricidad, o plomería tareas de reparación.

Un administrador de la propiedad experimentado por lo general
conoce a las mejores personas a precios razonables y los contratará
con el consentimiento del inversionista. El inversor es su cliente y el
administrador de la propiedad quiere mantener al inversor feliz y
retenerlo como cliente.

Cómo se paga a los contratistas

A un contratista, especialmente a aquellos que están en el negocio
por sí mismos, les gusta que le paguen a tiempo. Muchos contratistas
piden un depósito para su servicio antes de comenzar el trabajo. No
les gusta correr detrás del inversor para el pago. Si tal caso sucede,
el contratista, o la compañía de administración que contrató y pagó
al contratista, puede poner un gravamen en la propiedad hasta que se
les pague. Esto se llama un gravamen mecánico.

Con el fin de poder pagar a los contratistas a tiempo, se sugiere que una chequera de la empresa esté disponible para el administrador de la propiedad, para escribir cheques para los servicios prestados por los diversos contratistas y proveedores que trabajan en la propiedad. (Si se paga a tiempo, un contratista recordará la propiedad del inversionista y el inversionista como alguien que paga a tiempo. Un pago rápido recibe un buen servicio).

Informes de pérdidas y ganancias

Los presupuestos de la propiedad son administrados por el administrador de la propiedad. La compañía de administración de propiedades es responsable de presentar una declaración de Pérdidas y Ganancias (P&L) al inversionista. Esto se puede hacer trimestralmente, bianualmente o anualmente a la propiedad del inversionista.

El P&L describirá todas las actividades financieras de la propiedad. Por ejemplo, un P&L trimestral mostrará cuánto alquiler se pagó durante los tres meses, deducciones por cualquier reparación realizada en la propiedad, suministros comprados para la propiedad (recuerde las bombillas y filtros de aire acondicionado), cualquier pago a contratistas o manitas para reparaciones, etc. Esta información ayudará al inversionista cuando llegue el tiempo de impuestos. El administrador de la propiedad puede presentar los impuestos de la propiedad si el inversor así lo desea.

Corresponde al gerente hacer notas detalladas de todas las reparaciones y tener facturas para respaldar todos los gastos. Un inversor quiere saber dónde se gasta el dinero. Quieren mantener su

flujo de caja. Todas las reparaciones y costos tienen que ser
aprobados por el inversionista. Sólo en emergencias extremas puede
un gerente decidir hacer una reparación sin el consentimiento del
inversor. Si los inquilinos están en peligro, o la estructura física de la
propiedad es una preocupación, la reparación se puede hacer,
ahorrando la propiedad y eliminando el peligro potencial para los
inquilinos. La reparación no se considera no autorizada y el inversor
lo aprobará.

Desalojos

Los desalojos son el lado no tan agradable de ser un inversionista en
un alquiler de bienes raíces. No son agradables para los
administradores de la propiedad, ya sea. Sin embargo, las empresas
de administración de propiedades manejan los desalojos con
demasiada frecuencia y seguir el procedimiento legal para llevar a
cabo el desalojo del inquilino por no pagar el alquiler, u otros
problemas que incumplan el contrato de alquiler. El inversor siempre
es consultado antes de iniciar cualquier procedimiento legal, pero la
ejecución se deja a la empresa de gestión.

Algunas empresas de administración se encargan de todas las
presentaciones y tienen a alguien que representa a la compañía de
gestión comparece en los tribunales para el proceso de desalojo.
Otros, especialmente las empresas más pequeñas o una persona que
administra la propiedad, contratarán a un abogado de desalojo para
manejar todos los procedimientos. Esto, por supuesto, es por una
tarifa, pero una compañía de administración más pequeña no puede
permitirse el lujo de sentarse en la corte cuando tienen una serie de

otros problemas que tienen que atender durante el día. La tarifa es parte de hacer negocios y se agrega a P&L del inversor.

Si un inversor es una persona práctica que es útil en hacer reparaciones y tiene tiempo para realizar todas las funciones requeridas como propietario, o es un inversor ocupado que no sabe cómo empuñar un martillo o utilizar un destornillador, ni quiere, hay opciones en la gestión y mantenimiento de su propiedad de alquiler de inversión.

Una inversión de alquiler de bienes raíces requiere tiempo y dinero para mantener y mantenerse al día. Con el enfoque en preservar la propiedad, ser proactivo con reparaciones, y mantener el alquiler como un entorno seguro y saludable para los inquilinos, un inversionista cosechará las recompensas rentables por sus esfuerzos.

Capítulo 13

Consejos Importantes Para Inversores Inmobiliarios

Tu necesitarás una gran cantidad de ayuda con la caza y la compra de sus propiedades.

Haz tu lectura

Lo primero que hay que hacer es leer extensamente. Esto significa que usted se sumerge en el know-how de compra y alquiler de propiedades. Usted tiene que encontrar todas las mejores fuentes para obtener información sobre el tema. Internet es una buena fuente sin duda, pero no puedes confiar en todo lo que lees en él. Así que sea selectivo y elija la información que es buena para usted como principiante y le proporcionará una orientación adecuada a través de su propiedad, y bienes raíces, proceso de compra.

Aprenda y comprenda el proceso de compra de casas, cuáles son sus derechos como comprador, donde puede cortar las esquinas financieramente para ahorrar dinero, todo. Quieres entrar en el proceso de compra de vivienda con tanto conocimiento como puedas ganar para que tengas menos riesgo de que te aprovechen (lo que normalmente no sucederá, pero nunca se sabe) y también te dará una sensación de confianza y empoderamiento a medida que entiendas el proceso mientras se desarrolla. Cuanto más leas, mejor. Visite sitios web para los compradores de vivienda por primera vez donde hablan de luchas, tenían y cosas que pueden haber perdido antes de mudarse. A veces, las personas se pierden cosas clave, como una inspección de la casa antes de firmar los papeles porque están demasiado atrapados y distraídos por todo lo demás. Lee todo, haz una lista y apégate a ella.

No se requiere experiencia

Muchas personas se sienten abrumados por la presencia de una gran cantidad de información. Esto puede parecer bastante desalentador, y la persona podría no ser capaz de separar el bien del mal. Pero en cualquier caso, no es importante para usted ser un experto en el tema y usted puede tomar la decisión correcta por sí mismo con sólo hacer un poco de lectura sobre el tema. Por supuesto, tener una opinión experta te facilitará las cosas, pero no es una necesidad absoluta. Usted puede tener sólo 1/3rd el conocimiento de un agente de bienes raíces y sin embargo hacer una buena elección para usted.

La inversión inmobiliaria es fácil de encontrar y no requiere conocimientos de antecedentes iniciales o educación para comenzar en el campo. Simplemente puede leer un artículo o recoger un libro para comenzar su aventura de inversión inmobiliaria. Hay tanto conocimiento sobre las "hacer" y "no hacer" al entrar en el mercado de inversión de bienes raíces que realmente le ayuda a prepararse para todos los escenarios. Puede tomar el conocimiento del libro y aplicarlo al conocimiento contextual para que pueda estar mejor preparado para todos los escenarios potenciales. Desea saber lo que todo significa antes de firmarlo, así como lo que significa si el contrato no se lleva a cabo o se sigue.

Entender el lenguaje

Cuando se trata de la compra de propiedades, usted tiene que entender el lenguaje básico que se utiliza. Esto puede ser formularios cortos para las dimensiones de un lugar o algunas palabras lingo o codigo para un tipo particular de propiedad, etc. Cuando conozcas estas palabras, tendrás la oportunidad de conversar libremente con el agente y también entender a fondo de qué están hablando. Sus posibilidades de ser engañado o llevado a dar un paseo disminuirán, y usted tendrá la oportunidad de tomar la decisión correcta por sí mismo.

Entender el lenguaje inmobiliario es tratar de entender la terminología médica sin poner un pie en un entorno médico. Puede ser desalentador y confuso, mientras que también te hace sentir estúpido y un poco preocupado con respecto a lo que se está discutiendo. Antes de dirigirse a hablar con un agente de bienes raíces o hacer una llamada telefónica, asegúrese de conocer la jerga y todas las facetas potenciales sobre el proceso de compra de la casa que ambos pueden pasar. Saber qué esperar y por qué, al mismo tiempo que sabe de qué está hablando el agente, puede crear un entorno mucho menos estresante y significativamente más productivo para ambos.

Guardar

Una cosa importante que un principiante debe hacer es empezar a ahorrar dinero para una inversión de propiedad. Usted tendrá que ahorrar dinero siempre que sea posible con el fin de estar preparado para tomar un préstamo o acceder a crédito y pagar todo de nuevo en un corto período de tiempo. Pedir dinero prestado durante mucho tiempo no es una buena opción en absoluto, y usted debe hacer todo lo posible para pagar el menor interés posible en su préstamo. Eso hará que su experiencia de compra de propiedades sea un viaje suave y feliz.

El ahorro de dinero debe iniciarse tan pronto como se entretenga la más mínima inserción de la inversión. Una vez que comience a iniciar la idea de las inversiones, va a necesitar dinero para invertir. Ahorrar no sólo puede permitirle hacer las inversiones que desea hacer, sino que también le da un colchón o un fondo de emergencia en caso de que sus inversiones se desplomen o se agrien. Usted no quiere comprar una casa con sólo suficiente guardado para pagar el pago inicial y las tarifas del comprador / vendedor. Usted quiere tener el pago de la hipoteca de varios meses guardado en caso de que algo suceda con la casa o si uno de ustedes está lesionado por cualquier razón y está sin trabajo. Los ahorros salvan vidas, en sentido figurado y literal.

Conozca sus números

Al comprar una propiedad, es importante que entienda las matemáticas básicas y también algunos cálculos avanzados. Por supuesto, no será extremadamente difícil como las matemáticas universitarias, pero tendrás que ser experto en hacer cálculos rápidos. Esto asegurará que usted está haciendo todos los cálculos correctos en el momento adecuado y saber si usted está pagando la cantidad correcta o el mal. Si usted no es bueno en el cálculo lo suficientemente rápido, entonces usted debe llevar una calculadora con usted cuando usted sale a buscar una propiedad.

Puedes practicar en casa con un bolígrafo y papel para trazar un mapa en tu cerebro o puedes quedarte con la calculadora como se mencionó anteriormente. La mayoría de las veces, los números se pueden calcular rápidamente a través de la computadora cuando se trabaja con un agente de bienes raíces, pero si usted está fuera de la caza por su cuenta y tratando de tener una buena idea de precios, impuestos, porcentajes, etc. entonces usted tendrá que ser capaz de calcular de manera rápida y eficiente mientras que también se mantiene enfocado. Si necesita ayuda con números como porcentajes de impuestos, lleve consigo un aglutinante con diferentes tipos de recursos y porcentajes de impuestos por estado. Esto hará que sea mucho más fácil para usted comprar y alquilar casas.

Tener un plan

La regla de oro para todos los nuevos inversionistas inmobiliarios es tener un plan de acción. Esto significa tener un plan establecido a seguir que tallará el camino a seguir. Si no lo planeas, entonces te resultará difícil ir sobre el proceso y confundirte. Imagínese ir a una nueva ciudad sin un mapa - usted está obligado a perderse. Por lo tanto, es importante que elija un plan de acción y lo haga de una manera organizada. Este plan no tiene por qué ser elaborado. Puede

enumerarlo escalonadamente y mencionar todo, incluyendo
financiamiento, caza, compra, firma, renovación y alquiler. Cada uno
de estos elementos debe dividirse en pasos detallados.

Tener un plan es imperativo para que pueda apegarse a su
presupuesto financiero y conocer su curso de acción. Tener un plan
y escribir uno puede parecer redundante, especialmente si esta no es
su primera vez comprando una propiedad inmobiliaria, sin embargo,
necesita ser incorporada cada vez que decida comprar una propiedad
porque sin un plan usted está en riesgo de salir de curso. Cuando no
tienes pautas que seguir, no tienes ninguna organización.

Consultar

A veces es importante consultar a un experto al comprar una casa o
propiedad. Usted tendrá que preguntar y saber acerca de varias cosas
pequeñas y entender lo que significa comprar una casa en una
localidad en particular. Este experto puede ser un experto en
propiedades o alguien que conozca que haya realizado muchas
inversiones. Anote todo lo que desea saber sobre la compra de
propiedades y tenga sus consultas respondidas una por una. Cuando
todas las preguntas tienen las respuestas necesarias, puede ir a través
de ella y entenderlo a fondo.

Las consultas pueden ser una gran manera de aprender más sobre la
industria de inversión inmobiliaria. Puede ser difícil admitir que una
consulta sería una buena idea porque a algunas personas les gusta
hacer todo por su cuenta en lugar de pedir ayuda, sin embargo las
consultas son generalmente gratuitas y pueden darle una gran visión
de la industria que puede no estar disponible en linea. La mayor parte

del tiempo, el agente de bienes raíces con el que está consultando puede estar en el negocio durante mucho tiempo, por lo que la gran cantidad de experiencia puede ser increíblemente beneficiosa. Las consultas también son excelentes, como se ha dicho anteriormente, para responder a cualquier pregunta que pueda tener sobre la industria y qué problemas pueden surgir.

Empezar Pequeño

Un consejo para todos los principiantes es empezar pequeño. No tiene sentido empezar a lo grande, ya que se confundirá y no sabrá cómo manejar sus finanzas. Podrías terminar cometiendo errores innecesarios y perder dinero. Por lo tanto, es importante para usted comenzar pequeño y buscar una pequeña casa o un apartamento que no requiere una gran inversión. Busque en línea para encontrar un lugar ideal. Si te gusta un lugar pequeño, luego inspeccionarlo personalmente y ver si te gusta el vecindario. Una vez que compre una casa pequeña, desarrollará la confianza para comprar una propiedad más grande y hacer mejores inversiones.

Como dicen, sólo toma una pieza a la vez. No muerda más de lo que puede masticar, se adhiere a una cosa a la vez y lentamente, uno por uno, completará su compra de inversión en bienes raíces. Al igual que con cualquier cosa que requiera una gran cantidad de ingesta de información, papeleo y navegación, no mantener la calma y dar un pequeño paso a la vez es increíblemente importante para mantenerse organizado y en el camino. Sentirse abrumado es fácil hacerlo cada vez que aumenta el estrés, alejarse para evitar sentirse abrumado y posiblemente perder el paso.

Llevar cuenta

Recuerda siempre llevar un registro de todo lo que tienes y de todas las inversiones que realices. Lleva un pequeño diario contigo a dondequiera que vayas y anota todo. Cuando compres una propiedad, estarás tan ocupado y absorto en lo que estés haciendo que te olvidarás de muchas cosas pequeñas. Para ayudar a recordarlo mejor, tendrás que llevar el diario o incluso un diario digital que te permitirá anotar todos los puntos. Usted debe referirse de nuevo a él de vez en cuando para refrescar su memoria y recordar las cosas mejor.

Escribir todo es una gran práctica. Incluso mejor que escribirlo, escríbalo al final del día e imprímalo. Colóquelo en una carpeta con la fecha. Esto es bueno, especialmente si es su primera compra de bienes raíces porque puede mostrarle un rastro de papel y mantener un registro del proceso que pasó por su primera vez. Puede mirar hacia atrás en el proceso y hacer referencia a él en el futuro, o si surge algo que puede parecer extraño o incorrecto, puede utilizar su rastro de papel o notas para hacer referencia y asegurarse de que está en el camino.

Vender para comprar

Si ya tienes una casa, como una casa ancestral, entonces debes saber vender la anterior y comprar una nueva. Puede parecer bastante desalentador, pero algo que necesita ser hecho a cualquier precio, especialmente si no te gusta tu antigua casa. Es importante encontrar el precio adecuado para su casa existente y comprar una nueva que cueste menos de lo que vendió su antigua casa. Esto asegurará que te quedes con algo de dinero que se puede dirigir hacia la renovación de la nueva casa.

Con el fin de averiguar el precio correcto para su casa, consulte las estadísticas del vecindario para lo que las casas están buscando y lo que han vendido previamente para. También puede hacer que su casa sea valorada una o dos veces para tener una buena idea de lo que puede valer su casa. Es una buena idea empezar alto y bajarlo a medida que avanza. Cuanto más alto empieces, más espacio para negociar que tengas. Al elegir una nueva casa para comprar, mientras que también se asegura de que es más barato que su casa actual, también debe asegurarse de que la cantidad de renovaciones que se deben hacer no exceda la cantidad de ganancias que le sobras, o no tendrá espacio de respiración o financiero Flexibilidad.

Capítulo 14

Lo Que Necesita Evitar Como Inversionista Inmobiliario

Lo que sea que haga en bienes raíces, ya sea que voltee casas, al por mayor, propiedades propias o experimentar ocasionalmente, la inversión inmobiliaria es bastante atractiva, especialmente cuando el mercado inmobiliario es fuerte. Sin embargo, hay una manera correcta y una manera incorrecta de hacerlo.

Estos son algunos errores comunes que los inversores cometen en bienes raíces (Curry, 2018).

Tener una mentalidad hacerse rico rápido

Parte de la razón por la que la inversión inmobiliaria es tan popular es que la idea de una riqueza rápida y sin esfuerzo se ha vendido a las masas. La gente ahora se mete en ello pensando que invertir en él es una apuesta segura de que harán dinero rápido y fácil.

La verdad es que los bienes raíces son sólo una excelente inversión a largo plazo, similar a los fondos mutuos, que es aún más fácil. La

mayoría de las personas que hablan de los enormes retornos de bienes
raíces a propósito evitan mencionar el trabajo duro que se lleva a su
efecto. Al entrar en el campo inmobiliario, tenga en cuenta que tiene
que ser inteligente y trabajador y que necesita tener una capacidad
considerable para tolerar el riesgo.

Apurarse a entrar en ofertas

Aunque hemos declarado que tienes que moverte rápido cuando te
encuentras con una propiedad que habla con usted, que necesita para
hacer esto muy cauteloso. Cuando usted es nuevo en bienes raíces,
particularmente, usted tiene que ser paciente y tomar su tiempo para
estudiar el mercado antes de entrar en cualquier oferta. Bienes raíces
ofrece muchas emociones y emoción, pero correr en una compra
puede llevarlo a problemas inconmensurables que afectarán
significativamente sus perspectivas de convertir los bienes raíces en
su ajetreo a largo plazo.

Por lo tanto, tómese todo el tiempo que pueda para estudiar las
condiciones del mercado, especialmente en la línea de los valores de
reventa, alquileres y vecindarios, y revise cientos de ventas que se
han realizado antes de decidir ser parte de él también.

Subestimación del coste de las renovaciones

Este es un error que con frecuencia observará entre sus compañeros,
y usted puede caer en él también. Muchos inversores subestiman la
cantidad que les llevará llevar a cabo para llevar a cabo las ideas de
renovación que pretenden implementar después de adquirir la
propiedad. Por lo tanto, al realizar estas estimaciones, hágaselo con

la debida diligencia obteniendo varias cotizaciones de contratistas que han llevado a cabo proyectos de renovación similares. Una vez que lo haga, apéguese a él y responsabilice al contratista por implementar el presupuesto al respecto. Cualquier otro cambio que desee tendrá que esperar hasta más tarde.

No tener la comunidad correcta a su alrededor

Para tener éxito en cualquier empresa, es necesario construir el equipo adecuado. En este caso, necesita un equipo de profesionales, incluyendo un valorador, un agente inmobiliario, un inspector de vivienda, un prestamista y un abogado de cierre. Este equipo le ayudará con sus problemas y ayudará a sus compradores también.

Para el negocio de renovación y mantenimiento, su equipo incluirá un fontanero, un electricista un pintor, un techador, un instalador de pisos, un servicio de limpieza, un contratista de calefacción y aire acondicionado, y un reparador integral. Incluso si prefiere bricolaje, apenas hará dinero como inversor haciendo todo el mantenimiento y las reparaciones. Consiga que las personas hagan eso y concéntrese en vincular a los compradores con las propiedades.

No hacer su tarea

Una persona no califica para operar a otros y darles medicamentos sin pasar por una formación y educación rigurosas. Sin embargo, algunos aspirantes a inversores piensan que pueden entrar en el negocio y tener éxito sin examinar un libro, al menos. Debes educarte antes de poner en peligro tu dinero. Por lo tanto, tómese el tiempo para leer todo lo que pueda sobre el campo. Cubra tantos temas como pueda, incluida información sobre la detección de los inquilinos y la compra de ejecuciones hipotecarias.

Si el aprendizaje formal no es lo suyo, busque un inversor exitoso que posea muchas propiedades, desde propiedades residenciales hasta propiedades comerciales, y se ofrezca a pagar una o dos horas de su tiempo para aprender más sobre el comercio.

Evitar la debida diligencia

Los inversores han comprendido la importancia de moverse rápidamente en este negocio. Los inversores experimentados se apresuran a cerrar las ofertas, pero aquí es donde los novatos se suben. Se olvidan de hacer su debida diligencia en el trato con respecto a las tasas hipotecarias actuales, los costos de mantenimiento y las condiciones del mercado entre otros gastos, y para cubrir los gastos generales, terminan sacando dinero de sus ahorros personales porque no pueden vender la casa o necesita más reparaciones y renovaciones de las que esperaban.

No es inusual encontrar novatos comprando propiedades sólo porque sienten que el mercado va a apreciar. Si usted pide pruebas de apoyo, el inversionista probablemente no tendrá ninguna para apoyar su teoría.

Falta de un plan de copia de seguridad

Muchas personas comprar la propiedad y se quedan atascados con ella porque solo tienen una salida. Si estás un poco así, solo pueden venderlo o alquilarlo. Es posible que el mercado de alquiler para estancar, y la propiedad ni siquiera puede vender como se predijo. Sin embargo, usted debe tener al menos dos maneras de salir del trato.

Por ejemplo, si el primer plan es renovar la casa, colocarla en el mercado y revenderla, el plan alternativo debe ser ofrecerla a un comprador en un acuerdo de arrendamiento-compra. Un tercer plan podría ser retener la casa y alquilarla para obtener ingresos de alquiler. También podría tener un cuarto plan como la opción de venta al por mayor mediante la venta a otro inversor a un precio por debajo del precio de mercado. Con suerte, con todos estos métodos a su disposición, obtendrá un beneficio. Sin embargo, la idea es reducir todos los costos de tenencia en los que podría incurrir en la tenencia de la propiedad.

Pagar demasiado dinero

Este es un error común entre los inversores. Muchos de ellos pagan demasiado por las propiedades que quieren adquirir, lo que adelgaza sus ganancias. Una vez que usted compra la propiedad, darse cuenta de que ya ha bloqueado los beneficios porque, como hemos establecido, su precio de venta muy probablemente estará a lo largo de los confines del precio de mercado. Por lo tanto, si usted paga demasiado, usted puede sorprenderse de que no va a hacer ningún dinero teniendo en cuenta que también llevará a cabo renovaciones más tarde.

Planificación sobre la marcha

Muchos nuevos inversores entran en el negocio sin un plan. Todo lo que quieren hacer es asegurar la propiedad, y una vez que tienen, no tienen idea de qué hacer con ella. Eso es trabajar hacia atrás, y la falta de un plan te prepara para el fracaso.

Necesita tener un plan incluso antes de empezar a proteger la propiedad y, a continuación, encontrar una propiedad que se ajuste a su plan. No empieces a intentar llegar a un plan mucho después de haber encontrado la casa. El problema es que la gente ve los bienes raíces como una compilación de transacciones en lugar de como un camino hacia la inversión a largo plazo. La mayoría de las personas caen por la belleza de una propiedad, pero lo que importa no es la propiedad, sino el vendedor motivado. Las propiedades bonitas siempre se construirán a medida que se desarrolle la arquitectura. No dejes que la belleza te detenga.

Una vez que haya determinado lo que está dispuesto a pagar en su próximo trato de propiedad, apéguese a ese número y no vaya más allá de eso. Para evitar quedarse atascado en una sola propiedad, hacer muchas ofertas en diferentes propiedades. Sigue los números y no te preocupes por el trato que consigas. Mientras los números estén a tu favor, estás listo para irte.

No considerar los costos blandos

Muchos nuevos inversores no tienen en cuenta los costos blandos en su análisis de las transacciones. Se olvidan de incluir los honorarios de los agentes, los costos de cierre y los gastos de transporte para los días que se mantendrán en el mercado. Estos costos pasados por alto a menudo ofrecen una oportunidad de aprendizaje valiosa, pero bastante dura.

Tome la inversión para ser especulación

Si usted está comprando una propiedad con la intención de esperar la apreciación y otros cambios en el mercado para empujar el precio de la propiedad hacia arriba, usted está especulando y no invirtiendo. Está bien, e incluso rentable especular. Sin embargo, usted necesita saber la diferencia.

Una inversión inmobiliaria real debe ser capaz de ofrecer rendimientos ajustables al riesgo desde el primer día en que los compra. Por lo tanto, no discúlpame una mala decisión de inversión diciendo que estás especulando.

Olvidar que es la gente que es más importante

Muchos inversores se quedan atrapados en el negocio y olvidan que la gente es más importante. Su principal preocupación son los números y los detalles de un área, pero se olvidan de que son las personas las que van a comprar la propiedad. Es tu asociación con la gente la que te traerá dinero. Por lo tanto, a medida que invierte, asegúrese de que está impulsado por los intereses de las personas en lugar del dinero. Se dice que si haces negocios por pasión, el deseo de ayudar a las personas a acceder a viviendas asequibles, el dinero seguirá. Además, el éxito en bienes raíces depende directamente de la relación a largo plazo que construyas con otros.

Préstamo de amigos y familiares

Los inversores que son nuevos en el negocio pueden encontrarse con una oportunidad de inversión aparentemente excelente, pero no tienen el dinero que necesitan para asegurarlo. La mayoría de las veces, muchos de ellos recurren a sus familiares y amigos para obtener financiación porque esta parece ser la mejor y más fácil manera de obtener financiación para el nuevo acuerdo de propiedad. Sin embargo, esto no es un buen movimiento de inversión. En su lugar, vaya a prestamistas, asesores y financiamiento de vendedores.

No utilizar un buen agente local

Al trabajar con un corredor de bienes raíces capaz, puede descartar el miedo y la ansiedad que tiene al pensar en cometer un error o caer en la propiedad equivocada. Un agente también lo protegerá de su deseo de voltear casas prematuramente antes de tener cualquier experiencia inmobiliaria relevante.

El o ella le hará entender todas las posibles estrategias de salida relacionadas con su inversión y evitar que usted haga proyectos que son costosos y le haría pagar fuertes multas. Por último, un agente de bienes raíces le hará mantener registros de todas sus actividades y gastos para asegurarse de que está dentro de los límites de su presupuesto.

Tirar la toalla

Un problema crítico que enfrentan muchos jóvenes inversores inmobiliarios es que entran en el negocio sin tener en cuenta lo difícil que puede llegar a ser el negocio. Aunque el inversionista tendrá muchas oportunidades para hacer grandes cantidades de dinero y lograr la libertad financiera, no hay nada sobre el proceso en sí que sea fácil. Al igual que cualquier otra empresa, habrá problemas legales o de regulación, problemas de personas y problemas financieros. Estas cuestiones tienen que ser tratadas a medida que las empresas convencionales se ocupan de las suyas.

Capítulo 15

Preguntas Frecuentes

¿Qué es la inversión inmobiliaria?

La inversión inmobiliaria se refiere a la compra de una propiedad, que puede ser una casa o un apartamento, o simplemente un pedazo de tierra destinada a ser convertido en propiedad. Las inversiones inmobiliarias han existido desde tiempos inmemoriales como todo el mundo necesita un techo sobre su cabeza, y se siente excelente si usted es dueño del lugar que viven en. Además, si usted compra un punto de venta o un establecimiento industrial y lo alquila, entonces eso también se contará como una inversión inmobiliaria. Por lo tanto, el término tiene un significado muy amplio y cualquier cosa que implique la compra de propiedades puede ser denominada inversión inmobiliaria.

Comprar una casa para habitar permanentemente en lugar de alquilarla o usarla como una forma de ingreso pasivo es la diferencia entre una compra y una inversión. Usted quiere que su propiedad inmobiliaria en última instancia para ganar dinero por lo que estará buscando diferentes cosas en un alquiler potencial que si estuviera buscando una casa para comprar para usted o su familia. Invertir en bienes raíces es una de las mejores opciones a largo plazo por una variedad de razones, todas las cuales fueron discutidas en las secciones y capítulos anteriores. La inversión debe hacerse con la intención de ganar dinero, legal y eficientemente.

¿Es Inmobiliaria una buena inversión?

Sí. El sector inmobiliario es una gran opción de inversión. La compra de bienes raíces no sólo le da la propiedad de la casa o vivienda, sino también a la tierra debajo. Hay muchas opciones de inversión por ahí, pero los bienes raíces son vistos como una buena opción debido a los muchos beneficios que ofrece. Desde inversores por primera vez hasta aquellos que ya tienen algunas inversiones realizadas, el sector inmobiliario es una opción inteligente para cualquiera que busque diversificar su cartera. Como principiante, obviamente tendrá sus dudas sobre sus verdaderos beneficios, pero a través del curso de este libro, usted entenderá exactamente lo beneficiosas que pueden ser las inversiones inmobiliarias y por qué es una gran idea para usted invertir en.

Hay un montón de preguntas en torno a por qué los bienes raíces son considerados una buena inversión por algunos y una inversión terrible por otros. Usted está en riesgo, si hay otro colapso de la vivienda... sin embargo, si está eligiendo alquilar la propiedad, este no debería afectarle casi tan negativamente si estaba tratando de remodelar y vender la propiedad. Incluso si la casa se deprecia de valor debido a la economía o la edad, todavía tiene la tierra con la que se encuentra la casa. El valor de la tierra aumenta con el tiempo.

El sector inmobiliario es una inversión de por vida con ventajas y desventajas de por vida.

¿Puede ser parte de mi portafolio?

Sí. Los bienes raíces pueden ser parte de su cartera. Cada vez que usted está obteniendo ingresos de algo que compró, esto puede ir en su cartera financiera. Aunque cualquier ingreso que obtenga de él caerá en la categoría de ingresos pasivos, su inversión en sí misma se contará como una inversión de cartera. Hay muchos tipos de inversiones de cartera, sin duda, pero los bienes raíces pueden ser vistos como una inversión de cartera muy estable y confiable que ayudará a estabilizar sus inversiones generales. La mayoría de los inversores buscarán los bienes raíces como una opción de diversificación y que les permitirá tener mucho dinero invertido a la vez.

Los bienes raíces se ven favorablemente porque no hay duda de si el valor aumentará o disminuirá o no. Ya sabemos que la tierra aumentará de valor en las próximas décadas, incluso si la casa cae en pedazos, por lo que solo hace un ingreso positivo y pasivo en su cartera. Las carteras siempre deben mantenerse actualizadas, por lo que asegurarse de que tiene las estadísticas y números correctos es crucial si está buscando ayuda de los inversores. Los inversores tienden a mirar favorablemente las inversiones inmobiliarias en carteras.

¿Qué es REIT?

REIT (Real Estate Investment Trust) es un valor que se negocia en la bolsa de valores. Ayuda a invertir directamente en propiedades inmobiliarias y le permite poseer una propiedad en un corto período de tiempo. Cuando usted compra un REIT, entonces usted estará contribuyendo a la compra de una propiedad que se negocia en la bolsa. Estos REIt se financian con las rentas que reciben de estas propiedades. Puede comprarlos directamente en una bolsa de valores o indirectamente a través de un fondo de inversión. Puede combinarlo con un plan de reinversión de dividendos.

En otras palabras, los fideicomisos de inversión inmobiliaria son empresas que poseen propiedades que producen ingresos (propiedades productoras de ingresos) ("Aprender sobre los fundamentos de REIT", 2019). Dentro de estos fideicomisos (empresas), poseen una variedad de bienes raíces diferentes que producen ingresos ya sea residencial o comercialmente y pueden variar desde hospitales hasta almacenes y peluquerías (Chen, 2019). Siempre y cuando la propiedad genere ingresos, puede estar dentro del fideicomiso de inversión inmobiliaria. Originalmente se derivan de fondos mutuos, y le permiten generar ingresos de la compra de acciones en lugar de toda la propiedad. Los fideicomisos de inversión inmobiliaria se pueden formar o unir; formar uno requiere que su negocio cumpla con estrictos estándares financieros y organizativos, números y regulaciones para ser considerado elegible.

¿Quién es el mejor candidato para invertir en Bienes Raíces?

Cualquier persona interesada en comprar una propiedad para sí mismo puede invertir en bienes raíces. Cualquiera que tenga suficientes recursos para comprar una propiedad es un candidato ideal para invertir. Los menores necesitarán la aprobación de un adulto para comprar propiedades a su nombre. Pero desde individuos hasta parejas y cónyuges, cualquier persona invierte en bienes raíces. Si usted ya es un inversor activo en acciones y otros valores financieros, entonces no le resultará difícil invertir en bienes raíces. Usted ya tendrá conocimientos adecuados sobre el tema y necesitará sólo un pequeño empujón para ponerse en marcha. Si usted compra una propiedad con la intención de alquilarla inmediatamente, asegúrese de tener al menos 6 meses de alquiler (pagos hipotecarios) en sus ahorros en caso de circunstancia imprevista o incapacidad para alquilar. Usted no quiere comprar la propiedad y el valor predeterminado en los pagos poco después porque no planeó en consecuencia.

En cuanto a decidir en última instancia si una persona es un candidato lo suficientemente bueno para bienes raíces o no, depende del impulso y la ambición de la persona. Alguien que no tiene suficiente dinero para financiar a un hombre de mantenimiento para propiedades, mejor tener conocimiento de hardware y mantenimiento básico con el fin de ahorrar dinero haciendo el trabajo él mismo. Esto también va para tareas de renovación y remodelación del interior y exterior de la propiedad. Muchas personas destruyen la inversión en bienes raíces porque asumen que no podrán pagarlo sin embargo la mayoría de la gente no se da cuenta de que una gran cantidad de trabajo en las casas puede ser hecho por los propios propietarios. La candidatura para la inversión inmobiliaria recae únicamente en el impulso del comprador (o inversor) y nunca debe cancelarse sin la investigación y el networking posteriores.

¿Cuánto dinero debo invertir?

La respuesta dependerá del tipo de inversión que desee realizar, el tamaño y la duración de la inversión. La decisión final de cuánto dinero se agrupará en la compra de su propiedad dependerá de usted. Usted tiene que asegurarse de que tiene dinero no sólo para comprar una propiedad, sino también arreglarlo si es necesario o hacer algunos cambios. Por lo tanto, es importante tener todas sus inversiones asignadas y saber exactamente cuánto necesita ir a donde. Algunos lugares o constructores requerirán que usted haga una inversión mínima, y usted tendrá que averiguar sobre ello antes de comprar una propiedad. Mantener un presupuesto y apegarse a él es increíblemente importante y crucial en su bienestar financiero. Puede asignar una cantidad determinada para cada proyecto y barajar el dinero en consecuencia si un proyecto es más barato o más caro de lo estimado inicialmente.

La determinación de la cantidad a invertir también debe hacerse antes de la compra de la casa. ¿Estás buscando gastar un cuarto de millón en una casa? ¿O estás buscando un empeine barato y fijo por debajo de 90K? A pesar de todo, usted va a necesitar presupuestar y determinar la cantidad total que necesita invertir con el fin de obtener la tasa más alta en su rendimiento en el menor tiempo posible. Si el retorno de su inversión no va a suceder en su vida, probablemente debería buscar en otro lugar. Esto también va para las propiedades que no hacer más de $100 al mes. Planifique con prudencia y apéguese a su presupuesto para comprar e invertir.

¿Durante cuánto tiempo deben realizarse las inversiones?

Eso depende de ti. Puedes hacer una inversión todo el tiempo que quieras. Generalmente, cuando las personas compran casas, lo mantienen durante un mínimo de 5 años para acceder a beneficios fiscales y otros beneficios monetarios. Pero puedes elegir cualquier período de tiempo que quieras. La mayoría de las personas tendrán un apego emocional hacia la primera casa que compran y no se separarán de ella durante varios años consecutivos. Así que, por ese bien, tendrás que hacer una gran inversión inicial y aferrarte a ella durante al menos una década más o menos.

La duración de su inversión también se puede determinar por la cantidad de dinero que puede pedir prestado y la cantidad que desea pagar mensualmente en su hipoteca. Cuanto menos esté obligado a pagar mensualmente, más puede pagar adicionalmente cada mes para ir hacia el monto principal en lugar de intereses. Por ejemplo, supongamos que su hipoteca es de $400 al mes, pero puede pagar $800 – hacer su pago de $400 y luego $400 adicionales para ir hacia el monto total adeudado, no el interés. Con el pago de $400, alrededor de $60 más o menos va a interesar. Mientras que si estuvieras pagando una hipoteca de $800, más de $100 se destinarían a intereses y no serías capaz de poner dinero adicional al principio.

¿Qué opciones tengo después de invertir?

Después de comprar la propiedad, tiene dos opciones principales. El primer ser, que se muden y ocupar tu propiedad y sala de estar allí durante el tiempo que desees! Y la segunda es alquilar tu propiedad a alguien. Ambas son buenas opciones para usted y la segunda podría darle una ventaja mayor debido a recibir un alquiler de su inversión. Usted puede hacer una estancia relativa en su casa como cuidador, si usted no quiere la molestia de los inquilinos. Pero eso no le proporcionará ninguna forma de beneficios monetarios. Una tercera opción (aunque no es tan relevante) sería comprar la propiedad, arreglarla y venderla por lo que compró. Esta opción le permite obtener un beneficio en una suma global en lugar de los pagos mensuales de los inquilinos, pero también es muy arriesgado.

Determinar lo que haga con su propiedad inicialmente dependerá de la situación financiera en la que se encuentra. Algunas personas eligen morar en su nuevo hogar por un año más o menos antes de buscar en otro lugar y alquilar su hogar. Otras personas eligen alquilarlo de inmediato, nunca entretener la idea de ocupar el espacio. Algunas personas terminan sus contratos de alquiler después de que el contrato de arrendamiento y decidir que don't desea alquilar más; les gustaría vivir en ella, ya sea a tiempo completo o a tiempo parcial. Las opciones son infinitas en términos de flexibilidad. Concedido, que no debería alquilar a los inquilinos que planean en estar en el hogar para 10 años, a solo para echarlos después de su contrato de arrendamiento inicial de un año es porque cambió de opinión y desea vivir allí. No funciona así. Usted está alquilando su casa a otra persona para que pueda tener un hogar. Legalmente, usted no puede tomarlo de ellos sin una cantidad significativa de previo aviso y éticamente, que no tome si son maravillosos los inquilinos que planean en residir allí por un largo período de tiempo.

¿Está el impuesto sobre la renta?

Sí. Los ingresos de alquiler o arrendamiento de la propiedad están sujetos a impuestos. El impuesto dependerá de cuánto gane con la inversión. Si usted gana una gran suma como alquiler, entonces usted será gravado en consecuencia. Usted tendrá que ir a través del manual de impuestos para entenderlo claramente. Pero incluso si usted está gravado será sólo un pequeño porcentaje de lo que gana. Lo mejor es contabilizar el impuesto que se deducirá y luego establecer un precio de alquiler. De esa manera, usted no pierde en ningún beneficio que usted obtiene de su inversión. Muchos inversores inmobiliarios toman un cierto porcentaje de cada pago de alquiler que reciben para asignar impuestos al final del año. Una vez que haya estado en el negocio durante unos años, obtendrá una mejor idea de cuántos impuestos pagará al final del año. Los primeros años es aconsejable ahorrar en exceso para evitar no poder pagar impuestos al final del año.

La mayoría de las veces, si no siempre, los ingresos que reciba que no están gravados en sí mismos, serán ingresos imponibles. Por ejemplo, cuando un inquilino le escribe un cheque de alquiler con su propia chequera personal, los impuestos no se calculan. Es una tarifa fija adeudada por ellos por su contrato cada mes, sin impuestos incluidos. De esta manera, es su responsabilidad como arrendador pagar impuestos sobre todos sus ingresos de alquiler recibidos de acuerdo con la ley. No pagar su impuesto podría resultar en multas, embargo salarial y si se hace por un período de tiempo suficiente, tiempo en la cárcel. Se recomienda realizar un seguimiento de cada pago recibido y cada dólar gastado. Una gran manera de hacer esto es establecer un sistema de presentación y apegarse a él estrictamente.

¿Hay riesgos involucrados?

Sí. Al igual que con cualquier inversión, hay una cierta cantidad de riesgo involucrado en las inversiones inmobiliarias. El grado de riesgo variará según el tipo de inversión que realice. Si usted está buscando un gran condominio o una villa, entonces el riesgo será ligeramente mayor, pero su ganancia de ella también será alta. Si usted está buscando una casa pequeña o un apartamento, entonces su riesgo será menor y también lo harán sus rendimientos de ella. Por lo tanto, su riesgo y recompensa pueden ser directamente proporcionales. Sin embargo, puede haber casos en los que usted compra un apartamento en una localidad elegante por un precio bajo y terminan haciendo un gran beneficio en él. Por lo tanto, el riesgo es sólo subjetivo y variará de la inversión a la inversión. Los bienes raíces en sí mismos siempre han tenido un ligero grado de riesgo. No tomes ninguna decisión sin pensar en ello durante unos días. Siempre sea frugal; el dinero puede ser una maldición y una bendición, por lo que debe ser utilizado sabiamente, no descuidadamente.

Hay que ver una inversión como un riesgo. Aunque cada aspecto de la vida toma riesgos, las inversiones inmobiliarias pueden ser un gran riesgo financiero si no eres inteligente con tu dinero y no haces tu investigación. Por ejemplo, no desea comprar un espacio de oficina comercial con la intención de alquilarlo en un centro comercial que sólo tiene 1/4 del espacio ocupado debido a la recesión económica. Un buen ejemplo sería comprar una casa grande con varios dormitorios cerca de una universidad y alquilar las habitaciones a los estudiantes universitarios. Tienes que saber la ubicación y si no, investigación, investigación, investigación. Puede minimizar su riesgo significativamente si simplemente pone en el esfuerzo de investigar cada variable en el mercado.

¿Cuánto falta para que consiga las llaves de una propiedad?

Dependerá del tipo de inversión que realice. Por lo general, puede tomar de un mes a unos meses dependiendo del vendedor de la propiedad. Además, su crédito tardará un tiempo en ser aprobado por una institución financiera. Por lo tanto, usted tendrá que esperar un tiempo antes de poseer las llaves de su casa y si hay una manera de acelerar el proceso, entonces usted puede explotarlo.

En su mayor parte, es casi imposible saber cuándo obtendrá las llaves de su lugar. Si se comunica con los propietarios originales regularmente, es posible que pueda obtener las llaves antes. Si nunca ha conocido a los propietarios anteriores y la compañía de bienes raíces tiene las llaves, es probable que tenga que esperar más tiempo. El período de espera también depende del tipo de venta – venta corta, ejecución hipotecaria, subasta o venta básica. Las ventas cortas tienden a tardar mucho más en procesarse debido al papeleo y las lagunas involucradas. Muchas personas se mantienen alejadas de las ventas cortas por esta razón en particular. En cualquier caso, con el tiempo obtendrá las llaves de su nuevo lugar y podrá mudarse.

Estas forman algunas de las preguntas básicas sobre inversiones inmobiliarias y espero que haya respondido a la suya.

Conclusión

Inversión en bienes inmuebles es una gran manera de ganar dinero, pero no es para todos. Después de leer este libro, usted debe ser consciente de si la inversión inmobiliaria es la opción correcta para usted o si desea invertir de una manera diferente.

El siguiente paso es invertir tiempo en averiguar su mercado inmobiliario local y los tipos potenciales de propiedades disponibles para usted. Usted puede encontrar un tipo de propiedad se adapta mejor a sus necesidades, pero también recuerde que es posible que tenga que buscar la ubicación correcta, la propiedad y el precio.

Hay beneficios, así como desventajas de entrar en inversiones de esta manera. No es una solución mágica para que encuentres la propiedad correcta la primera vez que te vayas en línea y busques.

Mientras mantengas tu perspectiva para invertir real, entonces tendrás éxito. El lento y constante ganará la carrera hacia una jubilación decente, en comparación con el que se apresura a invertir sin una estrategia adecuada, método de financiación y actitud correcta en su lugar.

Usted puede obtener la segunda casa de vacaciones, las vacaciones de ensueño, o la jubilación que desea. Todo lo que necesita hacer es tratar la inversión inmobiliaria como un negocio y creer en sí mismo.

Referencias

10 Razones para invertir en bienes raíces Agentes inmobiliarios de inversión estratégica. (2019). *Strategicinvestmentrealtors.com.* Consultado el 6 de mayo de 2019, de https://www.strategicinvestmentrealtors.com/reasons-invest-real-estate

*4 pasos para evaluar una inversión inmobiliaria ? Geek de*la propiedad . (2018). *Geek de*la propiedad. Consultado el 6 de mayo de 2019, de https://www.propertygeek.net/article/evaluate-property-investment/

Adams, R. (2019). Cómo pagar el impuesto cero sobre los ingresos pasivos. *Jóvenes y los Invertidos.* Consultado el 9 de mayo de 2019, de https://youngandtheinvested.com/pay-zero-tax-passive-income/

Bethell, A. (2018). *Cómo hacer dinero Flipping Casas en 7
Pasos. Adaptar a la pequeña empresa.* Consultado el 6 de
mayo de 2019, de https://fitsmallbusiness.com/how-to-
make-money-flipping-houses/

Chen, J. (2019). *Fideicomiso de Inversión Inmobiliaria - REIT.
Investopedia.* Consultado el 10 de mayo de 2019, de
https://www.investopedia.com/terms/r/reit.asp

Christensen, K. (2019). ¿Los ingresos de alquiler son pasivos o
activos? [Guía gratuita para inversores]. *Red de riqueza
real.* Consultado el 9 de mayo de 2019, de
https://www.realwealthnetwork.com/learn/is-rental-income-
passive-or-active/

Curry, P. (2018). *10 Errores letales para los inversores
inmobiliarios Bankrate.com. Banco.* Consultado el 6 de
mayo de 2019, de https://www.bankrate.com/finance/real-
estate/real-estate-investor-mistakes-1.aspx#slide=1

Eberlin, E. (2019). *Cómo encontrar propiedades de alquiler en
venta.* Obtenido de https://www.thebalancesmb.com/find-
rental-properties-for-sale-2124846

Eberlin, E. (2019). *7 Responsabilidades principales de un
administrador*de lapropiedad. *El Balance Small Business.*
Consultado el 9 de mayo de 2019, de
https://www.thebalancesmb.com/what-is-a-property-
manager-2124842

Esajian, P. (2019). *Objetivos de inversión que se fijará en 2019*
    FortuneBuilders. Obtenido de
    https://www.fortunebuilders.com/setting-real-estate-goals/

Cómo voltear una propiedad: la guía definitiva *Geek de la*
    propiedad. (2019). Geek de la propiedad. Consultado el 9 de
    mayo de 2019, de
    https://www.propertygeek.net/article/how-to-flip/

Cómo invertir en bienes raíces: Lo básico Recursos. (2019).
    Fundrise.com. Consultado el 6 de mayo de 2019, de
    https://fundrise.com/education/blog-posts/how-to-invest-in-
    real-estate-the-basics

Kennon, J. (2019). *Los 8 Tipos Diferentes de Inversiones*
    Inmobiliarias para Nuevos Inversores. Obtenido de
    https://www.thebalance.com/different-types-of-real-estate-
    investments-you-can-make-357986

Más información sobre los conceptos básicos de REIT *Nareit.*
    (2019). *Reit.com.* Consultado el 10 de mayo de 2019, de
    https://www.reit.com/what-reit/reit-basics

Michael, P. (2016). *7 maneras de financiar su primera inversión*
    inmobiliaria (si su padre no es Fred Trump). TheStreet.
    Consultado el 6 de mayo de 2019, de
    https://www.thestreet.com/story/13862785/1/7-ways-to-
    finance-your-first-real-estate-investment-if-your-father-s-
    not-fred-trump.html

Diez razones por las que inmobiliaria es una inversión superior - Propiedades expertas. (2019). *Propiedades de experto.* Consultado el 6 de mayo de 2019, de http://www.expertprops.com/ten-reasons-why-real-estate-is-a-superior-investment/

Weintraub, E. (2018). Datos sorprendentes sobre ejecuciones hipotecarias. *El saldo.* Consultado el 9 de mayo de 2019, de https://www.thebalance.com/what-is-a-foreclosure-1798185

Wessels, J. (2016). *¿Qué esperar de un informe de valoración de propiedades? Linkedin.com.* Consultado el 9 de mayo de 2019, de https://www.linkedin.com/pulse/what-expect-property-valuation-report-jannie-wessels